JN096528

高次元に味方される生き方

引き寄せる

ホリスティックヒーラー
中島由美子

BAB JAPAN

「なんで、私の人生、
うまくいかないの？」
と、思っている貴方《あなた》。

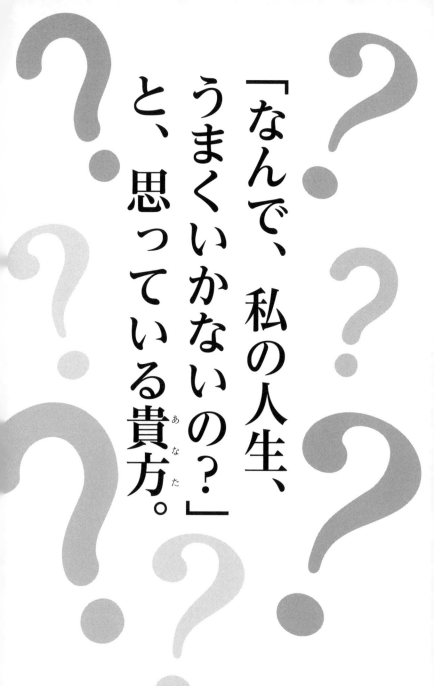

その理由を、
たとえ話で
わかりやすく
お話しましょう。

「**不幸な人**」になることは簡単です。
「**悪意**」を持って悪事を働けばいいのです。
悪いことが降ってきます。

「**貧しい人**」になることは簡単です。
「**お金に関してケチ**」になればいいのです。
豊かさの波動が遠のきます。

「**孤独な人**」になりたいなら簡単です。
誰かに幸せにしてもらおうと、
完全に受け身な生き方をするか、
「これだけ尽くすからこれだけ愛して」と、
取り引きのような関係を作ればいいんです。

これは決してスピリチュアルな、
難しいルールではありません。

貴方が理科の授業で習った
「**質量保存の法則**」です。
「物質は状態が変化しても、
総質量は保存される」
というものです。

自分の負の行いは、同じだけのダメージで
自分に返ってきます。

言い換えると、

「つじつま合わせの法則」

です。

本書では、私が体験した

「天から1億円が降ってきた事件」、
周囲の人達の超ラッキーな体験、
UFOとの遭遇日記をご紹介しながら、

幸せを引き寄せる方法

について、

お伝えしたいと思います。

はじめに

はじめまして！

私の初めての著書を手にとってくださり、ありがとうございます！

長野県で輸入天然石とセラピーの店舗を5店舗運営している、株式会社シャンティアジアプロモーションの代表取締役、中島由美子です。

「ホリスティックヒーラー」という肩書きで、トラベルライターとして活動したり、レイキヒーラー&ヒーラーセラピスト®養成講座で教えたりしています。また、「一般社団法人ホリスティック数秘術®協会代表理事」として、心理療法ができる数秘カウンセラーの養成を行っています。

さらに、「高次元コンタクティー」として、週に2、3回現れるＵＦＯ（高次元エネルギー体）の観測&撮影などもしています。

２０２３年、私や私の友人達に起きた「**財運の奇跡**」は、アンビリーバブルなものでした。

実はいまだに（２０２４年5月現在）、「私に何が起きているんだろう……？」と、ぼうぜんとするような超常体験が起きています。

その一つが、宝くじも買わない私に「天から1億円が降り注ぐ」という奇跡です。35年前に、2500円の出費で手に入れた絵画が、テレビ番組「開運！　なんでも鑑定団」への出演で、1700万円に！　さらにそのテレビ放映を見た海外の美術品オークションの会社の方から「1億円で売りましょう！」というオファーが！

人間は、エネルギー的にも心理的にも周囲の人達とやり取りを行っています。「目に見えない因果の糸」で相互にネットワークされている存在なのです。

だから私に起きた「財運の一発逆転の奇跡」は、私の友人知人だけでなく、これをお読みになっている貴方や私のお店のお客様達にも、「当然起こる可能性がある」のです！

そう考えるとワクワクしませんか？

「内面にあるものが3次元化する」ということの実例が、まさしくここ2年半で私に起きました。あまりにも荒唐無稽と思われる出来事の数々ですが、多くの証拠画像や動画などをご用意しています。

それらを見ていただき、実際に私に起きた出来事を追体験していただきたいと思います。そうすれば、この本を読み終わる頃には**「宇宙意識」にシンクロし、生きることがもっと楽になっている**と思います！

人間の多くはせいぜい85年前後の平均寿命を生きるエネルギーしか、3次元に持ってきていません。たった85年分のエネルギーを、「不安」「怒り」「恐れ」ばかりに消費していたらもったいないです。今日の現実を変えるエネルギーが、確実に目減りします。

この本では、**スピリチュアル歴40年、1000万円を費やして学んだ「スピリチュアルルール」「引き寄せの法則」と、それを活用して3次元を変えるノウハウ**の一部を、皆様にお伝えしたいと思います。そうすることが、私のところに来てくれる「高次元エネルギー体」の意志でもあろうと思うからです。

目次

第3章 知っていると楽に生きられる 心の法則

第4章

天とつながる!? バリ島で出会った超スピリチュアルな人々

第5章

「宇宙のルール」に従って生きるツール

第6章

天に味方される生き方　嫌われる生き方

第７章

宇宙のルール探しの旅は自分に還る旅だった

第1章

自分に起きた奇跡に途方にくれる

内面の心的エネルギーはいずれ現実化する

この事実を説明するには、「なぜ人は病気を作り出せるか」で説明ができます（24ページ）。たとえば私が貴方に、「今、目の前に1キロの生肉を物質化してください」と言ったら、「無理です！」「そんなサイババみたいなことできませんよ！」と答えますよね。でも病気を作り出せる人というのは、もともと何もなかったはずの身体の部位に、「ストレス」という目に見えないものを作用させて、腫瘍を作ったり、筋腫を作ったりできるのです。これだって、超能力的な物質化です。

もちろんさまざまな病気には、遺伝子などストレス以外の要因もありますが、「病気の遺伝子がＯＮになるか、ＯＦＦになるか」ということすらも、実は**「心の状態による」**という事実があります。

「人はなぜ病むか」は、「願望の実現化」と3次元化のプロセスが似ています。以下は私が主宰する一般社団法人「ホリスティック数秘術®協会」のサイトでお伝えしている内容です（https://ajianlotus.wixsite.com/numerology）。

現代の日本はがんやうつ病や自律神経失調症、引きこもりなどがたいへん多い国になっています。でも人間はある日突然、「今日からうつ病になりました」ということはないんです。

東洋医学では人間を病ませるものは、外邪・内邪という外的要因と内的要因に分けられます。

「外邪」とは環境変化による風邪・寒邪・暑邪・湿邪・燥邪・火邪・強すぎる風（春先など）や寒すぎ（冬季）、暑すぎ（夏季）などで、身体にストレスを与えます。

「内邪」とは、自分の内側から湧き出す「非常にストレスフルな感情」で、五臓、特に心・肝・脾に負担をかけるということがわかっています（西洋医学的にいうと、循環器系・自律神経系・消化器系を傷めます）。

病気の発症時には「内側から湧き出すストレスフルな感情」が病気の大きな要因になっています。私がクライアントの皆さんに話をお聞きしてわかったのは、「病名」がつくのは、本当に最後の最後の段階です。

その前の段階で、生理的な乱れが起こり（夜眠れない、体が冷える、呼吸が浅いなど）、それは不適切な行動や生活態度が原因のことが多いのです。そして、不適切な行動を引き起こす原因にはストレスフルな感情があり、ストレスフルな感情を引き出したものは「間違った認知（＊）」であると思い至りました。

「病気」という「花」を咲かせたものは、実は「間違った認知」という「種」であった、ということに思い至った私は、うつ病などを発症した方達のほとんどが「私さえ我慢すれば」「周囲の全員に好かれていないと私はここにいられない」という極端な認知をしがちであることに気づきました。

普通の病院は病名がついたあとでないと治療は始まりませんが、

「間違った認知」（私さえ我慢すれば・全員に好かれなければ）↓「ストレスフルな感情」↓「極端な行動」↓「生理的な乱れ」↓「病名がつく」

という経過を経てしまう前に、「間違った認知」や「ストレスフルな感情」の段階で後戻りする手段はいろいろあります。

「自分が苦しくても悩んでいても誰にも迷惑をかけてはいけない」という「間違った認知」

を「正しい」と思い込んでいると、1人で抱え込んでいる限り、人間はいつまで経っても自分の認知の間違いに気がつけません。

「悩み相談」「カウンセリング」「占い」「レイキなどのヒーリングワーク」「ヨーガ」「呼吸法」「アロマテラピーや鉱物療法などの自然療法」「メタトロン（波動調整器）」などで現在の自分を客観視することで「ストレスフルな感情や極端な行動」の時点で後戻りが可能なのです。

自分が自分の抱えている問題とイコールになってしまっている間は、その問題は解決不可能です。カウンセリングや占い・悩み相談などで自分の人生を「上の視点」から客観的に見下ろしてみたら「人間関係の被害者だった自分」は、実は「そのつらい体験で何かを学ばなければならなかっただけ」なのだと気づくでしょう。

「君はここがダメなんだよね」と貴方に言ってきた上司を、貴方は「ひどい人！　あんなのパワハラだわ！　もうこの会社にはいられない」と思っていたとします。

けれど数秘カウンセリングや占いで上司の基本気質を割り出すと、上司は「裏で陰口を言うのは卑怯だからしたくない。はっきり本人に言わないと本人も成長できないよね」という「デリカシー」より「正義感」が優位の外向きエネルギーの人だったということがわかります。

「自分を傷つけたと思っていた人は実は自分が思うほどひどい人間ではなかった、むしろ自分を社員として成長させようとしてくれていた」という「新しい視点」と「新しい認知」が持てれば、会社の人間関係は苦しいものではなくなります。

認知を変える「心理療法としての数秘術カウンセリング」のメソッドを18年かけて確立したことで、増える一方の日本のうつ病やがんや自律神経失調症、ストレスから悪化する現代病を、薬以外のやり方でバランスを取り戻すということが可能だと確信できました。

自分にとってのフィルター越しの世界で、他人を善人・悪人と色分けするのではなく、「自分という色のフィルター」の不完全さや未熟さを自覚しつつ、善人でも悪人でもない「ありのままの他者をありのままに認めていくこと」が、荒れ狂う自分の心を手っ取り早く平和にする手段です。

人間は物質的な物に恵まれているだけでは幸福を感じられない生き物であり、2020年のコロナによる急激なデジタル化で、一層自然から遠ざかっていく現代人の自律神経はますます乱されていきます。

人間は母なる地球の古代の温かな海から生まれた生き物なので、自然のリズムから遠く離れれば離れるほど、健康ではいられないようにできています。

今後は一層、心身の平和や健康を維持することが難しい世界になっていくでしょう。

かたや日本の精神病院や心療内科は患者さんが飽和状態、薬物療法以外のやり方を選択する余裕がないのが現状です。

2時間待ちの10分診療といわれる現状の中で、薬以外のやり方で心のバランスを崩した方の心の整理を手伝える存在が、もっとたくさん必要になってきます。

その一方で、現在のセラピー業界の課題である霊感商法やオカルトまがいの「スピリチュアル・ハラスメント」を断じて行わない数秘カウンセラーやセラピストの育成の必要も強く感じています。

（＊）本書で使用している「認知」は、心理学用語に基づいている。心理学でいう認知とは、知識獲得の過程とそれによって得られた知識をいう。知覚に比べて高次の認識をさす。

1万人超の「お悩み相談」を受けてきたことで最近特に感じるのが、「風の時代」の急激なスピリチュアル化に便乗した、「自称霊能者」「自称チャネラー」の大量発生と無責任発言の多さです。たとえば、「何か悪いものがついている」「この石にはパワーがない」「このままだと悪いことが起きる」などと言って、クライアントに不安の呪いをかけているケースが本当に多いのです。

自身の未熟さゆえに、こうした行為をしてしまう占い師やセラピストに振り回されないように、クライアントの側も**「人を見極める目」が必要**になります。

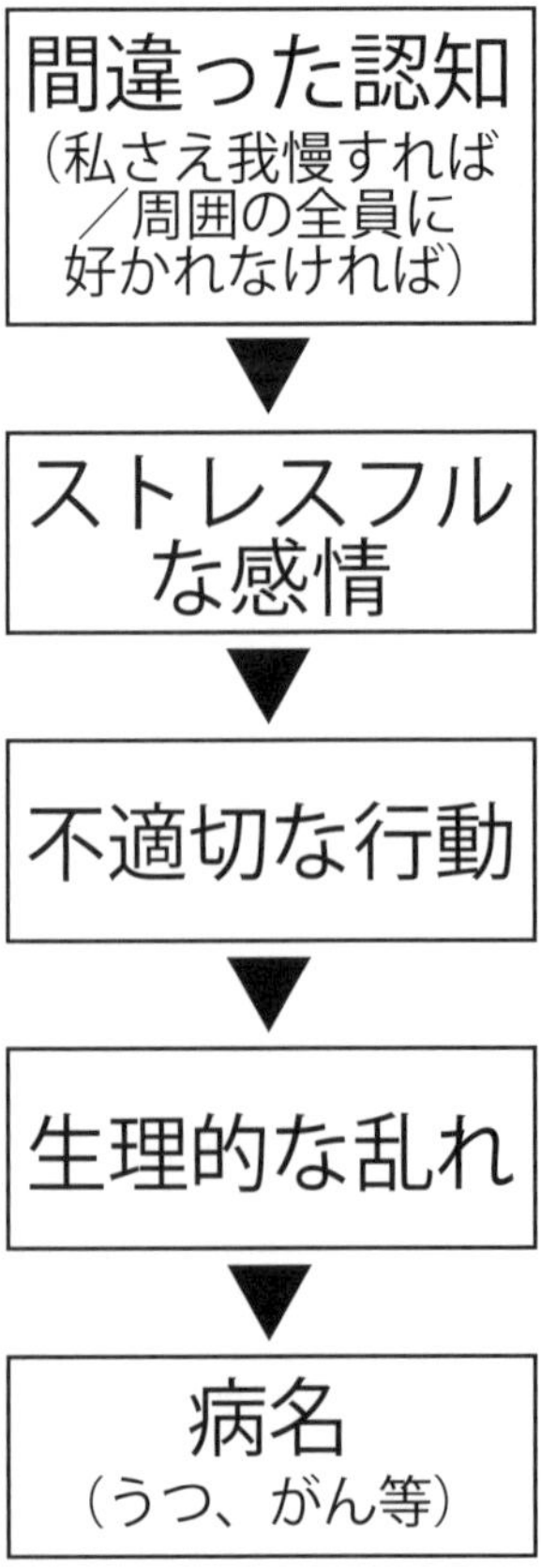

貴方の運命数を割り出してみよう

「数秘術」は、占いやセラピーの世界では、比較的認知度が高い、**「自分を知る方法」**です。ご自身の「運命数」を割り出すことで、基本気質や適職、9年間の運気のバイオリズムが高い確率で正しく割り出せます。

【運命数の出し方】

①自分のお誕生日を西暦で出し、すべての数字を全部足します。合計が「11」「22」「33」のゾロ目の場合のみ「特殊数」としてそれ以上は足さず、それが「運命数」になります。
②それ以外の数字は1桁（1〜9）になるまで足します。

（例）サンプルとして私の誕生日「1962年12月10日」を足すと、
1＋9＋6＋2＋1＋2＋1＋0＝22
合計がゾロ目の「22」なのでそれ以上は足さず、「運命数22」となります。

「数秘学」について詳細な説明をするともう1冊本ができてしまうので、ここではざっくりと、各運命数のポジティブ＆ネガティブ面を解説します。

運命数1
（ポジティブ面）リーダーシップ・正義感・裏表がない・頑張り屋・筋を通す
（ネガティブ面）ワンマン・人のペースに合わせない・頑固・自己中心的・融通が効かない

運命数2
（ポジティブ面）調停役・相談役・フォロー上手・世話役・平和主義
（ネガティブ面）受け身すぎる・優柔不断・八方美人・依存的・ことなかれ主義

運命数3
（ポジティブ面）好奇心旺盛・天真爛漫・楽しみ上手・クリエイティブ
（ネガティブ面）無責任・落ち着きがない・やりっ放し・気まぐれ・根気がない

運命数4
（ポジティブ面）正義感・大人な対応・理性的・合理的・慎重・勤勉
（ネガティブ面）小さくまとまろうとする・自分の正義で人を裁く・融通が効かない

運命数5
（ポジティブ面）自由奔放・臨機応変・行動主義・交流上手・発想力
（ネガティブ面）行き当たりばったり・無責任・気まぐれ・言動不一致・飽きっぽい

運命数6
（ポジティブ面）愛と奉仕の精神・世話焼き・公平平等・優しさ・相談役
（ネガティブ面）優柔不断・八方美人・依存的・好きな人を私物化・おせっかい

運命数7
（ポジティブ面）冷静な大人・マイペース・完全主義・プロフェッショナル
（ネガティブ面）コミュニケーション不全・頑固・閉鎖的・冷徹・ひとりよがり

運命数8
（ポジティブ面）努力家・パワフル・行動力・根気強い・裏表がない
（ネガティブ面）ワンマン・物質的・強欲・独善的・権威主義・了見が狭い

運命数9
（ポジティブ面）平和主義・理想主義・大人な対応・徳の高い仕事・まとめ役
（ネガティブ面）根暗・悲観的・ことなかれ主義・人に立派さを求める・自己否定感強い

運命数11　＊足して「2」の要素も持つ
（ポジティブ面）エキセントリック・直感的・創造性・芸術性・共感力・繊細
（ネガティブ面）エキセントリック・破天荒・衝動的・打たれ弱い・無責任・非現実的

運命数22　＊足して「4」の要素も持つ
（ポジティブ面）アバンギャルド・ワールドワイド・カリスマ性・理想主義
（ネガティブ面）アバンギャルド・ワンマン・独善的・人に立派さを求める・頑固

運命数33　＊足して「6」の要素も持つ
（ポジティブ面）スケールが大きい・全方向の愛情と奉仕・平等・平和主義
（ネガティブ面）非常識・マイペース過ぎる・八方美人・優柔不断・無責任・非現実的

皆さんのお誕生日から割り出した運命数はいかがでしたか？　私が使用するホリスティック数秘術は、この運命数に「前世数」と「未来数」というものを加えて判断します。前世数とは前世での生き方と性格（幼少期に出やすい）、未来数とは40代後半から現れる人生の課題を示す数字です。この3つの数字がそろう人ほど自分と価値観が似ているのですが、そのような人は**約1200人に1人**といわれています。

運よく1200分の1の確率で出会えたとしても、数字のもつ「ポジティブ面」「ネガティブ面」がどのように出ているかは、各自の性格や育った環境などで違います。**「自分の正義のものさし」と100%同じなどという人とは、生きている限りほぼ出会えない**のです。

1200人中1199人の他人に「私の正義のものさしは通用しない」という事実がわかると「なんであの人ってこうなの？」「なんであの人って私にこういうこと言うの？」という、怒りと不満は「あの人と私では生まれた目的も正義のものさしも違うから仕方ない」と達観できます。

「なんで貴方ってこうなの？」「どうしてそんなことをするの？」

「なんで」「どうして」という意識は「怒りと不満」しか生まないため、自分が消耗するだけです。そのうえ相手が自分の都合のいい人に変わることは絶対にありません。

前世数

×

運命数

×

未来数

＝

$\frac{1}{1200}$の私の個性

現実的かつ合理的でスピリチュアルな人

「一体、私の身に何が起きているんだ……」
夜空を見上げながら途方にくれる毎日。

私は運命数が「特殊数22」ながら「堅実な安定志向の4」の要素もある22なので、非科学的なふわふわ系スピリチュアルは全く信じない性格です。「エビデンスのないスピリチュアルはどうとでもいえるオカルトだ」と思っています。

だから、国内外のスピリチュアル業界で、こちらが聞いてもいないことを勝手にしゃべってくる「自称霊感系」の人の、「前世が」「貴方のオーラが」「背後霊が」「ご先祖様の障《さわ》りが」「霊障が」という話は全く真に受けないのです。

真に受けないので、マインドコントロールや霊感商法とは無縁なまま、平穏無事に40年間のスピリチュアル人生を過ごすことができました。残念ながら、この業界のダークな一面に、「どうとでもいえることを商売にして、顧客を自分に依存させて大金をせしめる輩《やから》も多い」という現実があるのです。

そもそも勝手に他人のエネルギーを見ていろいろ言ってくるのは、親切ではなく、ただの「スピリチュアルハラスメント」です。もっというなら、自己の劣等感からくる「他人をコントロールしたい欲求」でもあります。

少しでもスピリチュアルに興味がある人なら、自称「霊感ある系」の人に「貴方には何かついている。お祓いしたほうがよい」と言われた経験が1度や2度はあるでしょう？そういう類の人には、にっこり笑って相手の眼を真っすぐに見て、「お祓いなんて真っ当に生きている人間には全く必要ありません」と言いきることです。「他人をコントロールしたい人」「霊感商法系」の後ろめたい人は、これで撃退できます。

私の経験でいうと、聞いてもいないのに「貴方のオーラが」「霊が」という話をしてくる人ほど「なんちゃって」です。スピリチュアルとオカルトの違いを、言っている本人がわかっていない状態なので、本人も健康ではいられず、幸せな人生にはなりにくいのです。そんな人を過去にたくさん見てきました。

「オーラ解析機」「メタトロン」「数秘カウンセリング」「レイキヒーリング」「催眠療法」

などのメニューを各店舗で担当してきて25年。結果的に1万人近いお客様の「お悩み相談」を受けてきたことになりますが、「恐れを植えつけられて他人にコントロールされてしまった」というお客様の悩み相談と、その被害額は年々ひどくなってきているな、と実感します。

明らかな霊感商法の例として、次のような相談がありました。

・被害者の方は「自称お祓い」に合計400万を支払ったのに、悩んでいた状況は何も改善せず、「訴える」と抗議したら音信不通になった。

・電話占いで頼っていた占い師から「貴方の霊障には私では力不足だからもっと霊力の強い先生を紹介する」と言われ、依存対象が「占い師」から「霊媒師」に。相談料はケタ違いに高くなったけれど自分のことをよく理解してくれ、高額を支払うことで、「この先生は特別」と勝手に思い込みを強くしてしまった。支払い総額は半年で数百万単位になった（後日その占い師と霊媒師は同じ人物で、一人二役だったことが判明）。

このような霊感商法相談と高額な被害額は、信心深い人やスピリチュアルな人に特別に起きているわけではありません、普通のＯＬさんにも起きているというご時世です。

「風の時代」の急激なスピリチュアル化の弊害として、霊感商法にはどうか気をつけて！被害額によってはしかるべき行政機関に相談したり、そもそも最初から除霊やお祓いではなく「私の不運な時期はいつ終わるのか」という現実的な相談を、地に足の着いた「オカルトではないスピリチュアルな」占い師などに相談したりしたほうがずっとよいのです。

「オカルト」と「スピリチュアル」をどうやって見分けるかというと、「占い師の○○先生、霊能者の○○先生の言うことが絶対だわ！」と思ってしまうような、**自分を無力化するものは自分にとってはオカルト**です。対して、「最後はやっぱり自分が一番信用できる」と、**自分自身が強くなれるものがスピリチュアル**です。

それは「愛と依存の違い」にも似ています。「愛」は自分を強くして成長できるエネルギー（この人のためにいくらでも頑張れる、見返りは期待しない）。対して「依存」は、自分が弱く、無力になるエネルギーです（この人に好かれていない自分には価値がない、この人とうまくいっていないと仕事どころではない）。

どちらも「引き寄せ合う」性質があるため、愛も依存も同じ波動に同調する両者を近づけます。依存は「他人をコントロールしたい誰か」と「他者にすがりたい誰か」を結びつけ、愛は「人に愛を与えたい誰か」と「人を幸せにしたい誰か」の似た人同士を結びつけます。

「愛の波動」で引き寄せ合った両者の先にあるものは「平和・安定・尊敬」ですが、「依存の波動」で引き寄せ合った両者の先にあるものは、「失望・怒り・トラブル」になります。

これが「エネルギーの3次元化」の具体例です。

親も学校も教えてくれない人生の重要なルールを、40年間かけたスピリチュアルの勉強で学べたことは、私のビジネスや結婚生活や人間関係にとても役に立っています。何よりもこの世で最も私と縁の深い旦那さんと35年以上仲よく、リスペクトし合って共存できていることが、1億円よりも価値のある私の人生の宝です。

ビジネスの面でいうなら、コロナ以降多くの同業者、パワーストーンショップや問屋が店を閉めました。しかし、当社5店舗は変わらず安定経営できています。これも、お店を信用して来てくれる多くの長いつき合いのお客様達と、お客様と関わることで日々成長しているスタッフ達の頑張りのおかげです。

それはもちろんなのですが、加えて、会社の経営という3次元的なことに「高次元のルール」をうまく活用できたことも、安定した現実を作ってくれたという実感があります。

そんな現実的かつ合理的スピリチュアルの私が、2021年後半から自身に起きた不思議現象の数々と、「天から降って来た1億円」という現実を前に、2024年現在、途方にくれることになりました。「自称霊能系」の他人を信じなくても、私は自分のことは信用しているので、どんなに荒唐無稽なことでも実際に自分が体験してしまったら「もう信じるしかないでしょ！」とは思ってはいるものの……。

「なぜ私にこんな荒唐無稽な出来事が？」

「この超常現象にはいったいなんの意味が？」

さまざまな疑問が湧き、明確にわからないことにモヤモヤしていたのです。

別次元からの第一次接近遭遇

すでに60歳を過ぎた忘れやすい自分の脳ミソの代わりに忘備録を兼ねて、自分の人生に実際に起きた「1億の奇跡」と、「週に2、3回は我が家を訪問してくれるUFO」のあらましを書いておこうと思います。

なぜ個人的なことをここに記すのかというと、私に起きたことは「因果の糸」によって、私とカルマ的につながっている人にも起きる可能性が高い、と思うからです。**エネルギーのルールとして、「運のよさ」も「運の悪さ」も、人から人に移る**ものなのです。

自分が「運の悪い人」を目指すならば「他人の悪口が多く、不平不満が多く、金銭にケチかつ貪欲で、他人のゴシップ大好き、気に入らない他人のSNSなどに悪意あるコメントを書いて気が晴れる、あらゆる店にクレームを入れて謝罪されることで気が晴れる」というレベルの友達を増やせばよいのです。確実に、自分によいことが起きない人生になれます。

そして、山ほど出版されている書籍の中から本書を手にとってくださった貴方。この出会いもまた奇跡的なことです！　書籍の執筆者としてメッセージを送る私と、本の読者として刺激を受ける貴方との関係も、「因果の糸」でしっかりつながっています。


3次元には3次元のシンプルなルールがあります。

たとえば、「どうせ私なんて」と思っている人が不幸を引き寄せる。

たとえば、「生きることはつらく苦しいことだ」と思っている人が苦しい人生になる。

たとえば、「私完璧じゃないけどそこそこよい人だし、そこそこの幸せをつかむ権利あるよね！」と、思っている人がそこそこに幸せになる。

すべてちゃーんと、「自己実現している」結果であり、これらは自分のエネルギーフィールドに投げかけた、「思念エネルギー」の3次元化にほかなりません。

「引き寄せの法則」を勉強した人なら誰でも知っている基本中の基本です。すなわち、地球上のすべての物質は最小の単位まで分解すれば「素粒子」という単位になり、素粒子の振動の波長の違いで、物質になったり、エネルギーになったりします。

一見何もない空間のように見えるこの空間も、「まだ物質化していないエネルギーの海」ということなので、「自分のオーラ」というエネルギーフィールドに、24時間365日「どうせ私なんて」という波動を放射していたら、それは素粒子空間でいずれ三次元化し「不幸な現実」となって現れてしまいます。

若い頃の私は親との関係が悪く、それゆえに自己肯定感が低く、「どうせ私なんて」を確実に3次元化してトラブルばかりを引き寄せていました。これが、「どうせ」の負のスパイラルからさらに抜け出せなくさせていたんだなということが、今ならわかるけれど。

「自分にかけたお金やエネルギーは自分を裏切らない」とも思っていたので、**学校も親も教えてくれなかった世界の本当のルールを知る**ということに、40年で1000万円くらいのお金とエネルギーをかけて、スピリチュアルの勉強をしてきました。

おかげで今は、それが一生生きていける専門的な知識と技能となってくれています。そして「スピリチュアルな仕事で生きていく」という道を、長野県で天然石販売や自然療法を行う5店舗を構えることで実現したのです。「ホリスティック数秘術®カウンセリング」「レイキヒーラー養成講座」など、地方にしてはまだまだ珍しいアプローチのビジネスも展開することができました。

「各店舗の仕事もすっかり軌道にのった」と思っていた、2021年10月22日の秋晴れの日のことです。高速を運転していた私の車の上空、青空になぜか1つだけブルーグレーの雲がありました。「見渡す限り雲がないのに、なぜ1個だけ？　私の車の上に？」といぶかしく思いながら見上げていたら、そのブルーグレーの雲が突然三角形になり、「ビカビカビカー！」っと激しく発光し、雲ごと消えたのです！

あぜんとした私は、「あんな強い光を私しか見ていないはずがない！」と思い、「きっとたくさんの人が空を見上げて驚いているに違いない！」と、次の小黒川サービスエリアに車を止め、先ほどの光景を話している目撃者を探しました。

すると、サービスエリアの様子はいつもどおり。誰もさっきの発光体の話をしていません(涙)。あわてて空を探すと白く光る物を発見し、激写しました。アダムスキー型ＵＦＯっぽい物体が写っていて、さらにあぜん！

この出来事を始めとする超常現象の証拠画像や動画の数々は、あとの章で、時系列を追って解説させていただきます。

長くスピリチュアルの世界にいても、私が頑張って勉強していたのは、自然療法、予防医学、波動医学、東洋医学、カウンセリング、心理学などのセラピーでした。ＵＦＯは当然存在するだろうけれど「私のテリトリーではない」と思っていたのです。

秋の日のこの接近遭遇には、「???」という、釈然としない感覚だけが残ったのでした。そして実はこの出来事はほんの序の口で、これから「これでもか!」と続く、別次元からの私へのアプローチが始まったのです!!!　**「この宇宙は3次元の物質世界だけではない」**と、何十人もいるスピリチュアルの師匠達からも教えられたし、幼いときから不思議な体験、霊的体験をしてきました。

だから「たいていの出来事には動じない」と思っていました。そんな私がドン引きするような奇跡的な出来事の連続は、思えばこの2021年の接近遭遇から本格的に始まったのです。

私にナニが起きているのだ…?まあ起きてしまったものは受け入れるしか仕方ない。

人の心に巣食う「呪い」は解除可能！

子どもの頃から、「お前は変わってるな」と親に言われ続けていました。確かに周囲の子どもと比べても私はだいぶ興味の対象がズレていました。なぜか小学生高学年くらいの年代から「世界はいずれスピリチュアルな価値観があたりまえになる」と感じていたのです（正確には当時スピリチュアルという言葉はなく、霊的世界とか精神世界とかニューエイジなどと表現されていました）。

パワーストーン屋を始めたときには、「いずれ高波動石フェナカイトのブームが来る」という直感がありました。そこで、売り値が高騰する前のロシア産フェナカイトを、原石ごと買い占めるという思いきったビジネスで成功しました。

振り返ると、今の私の3次元的現実は何十年も前からの「私ってこういう人だし」を願望達成してきたことの結果だと思います。私に限らず、人間の「心的エネルギーの3次元化」のスピードは確実に昔より速くなっているな、と感じます。

なぜ速くなっているかというと、今が「風の時代」になったからです。昔ながらの宗教団体的な表現なら「物資文明から精神文明への転換期」であり、近代のスピリチュアル的な表現なら「アセンションの時代」でもあるからなんです。

どの表現でもよいですが、これからの世界は確実に**3次元のエネルギー化が加速していく**ので、3次元から物や人や産業や職種、問屋や小売店などがどんどんなくなっていきます。お金などはとっくに「チャリンチャリン」ではなく「ピッ」という情報として処理されています。お金のエネルギー化は速かったといえますね。

昔と違って「この仕事なら一生安泰」という職業はどんどんなくなっていきます。さらにAIの急速な普及で、一般企業のサラリーマンやOLのやっていた仕事はAIに取って変わられるともいわれています。

コロナ以降の女性の自殺率が上がっているそうです。「先が見えないことの不安」に打ちのめされる前に、できることは必ずあります。未来が見通せれば「不安感」は確実に目減りするのです。

スピリチュアル人生40年の中で「心からも身体からも、エネルギー的にも人を癒す仕事をしたい」と思い続けた結果、全方位から「人間の悩み」にアプローチできる「スピリチュアルとビジネスを両立させた会社」を作ることができました。
「スピリチュアルな法則を学ぶ」ということに、自分と自分のお金というエネルギーを投入した結果、ワードやエクセルといった事務用ソフトもろくにできないまま61歳になった私が、それをビジネスとして成功させることができたんです。

だから私は**「先行きが見えないこの時代こそ、正しいスピリチュアルの知識があったほうが、楽に人生の波にのれることは間違いないですよ！」**と声を大にしていいたいのです。それが「この本を出そう」と思った理由でもあります。

私の表現する呪いという言葉の意味は、実際には真実ではないことを真実と認知間違いすることで起こる生きにくさのことです。

この本を最後まで読んでいただいた貴方はきっと普通やあたりまえという呪いが解除され、「自分のことで精一杯です」という村意識から「宇宙規模で世界を見る」という宇宙意識に目覚めていると思います。

意識が変われば感情が変わり、感情が変われば行動が変わり、行動が変われば人生が、3次元が変わっていきます。この3次元に普通やあたりまえなんてないんです！

素粒子の海
私そこそこ
いい人だし
OK!
スゴク
嫌いな人は
いない
人生
いいときも
悪いときも
あるさ
幸せは
自己責任
どうせ
私なんて…
私
ばっかり
損してる
あの人も
この人も
キライ
誰か
私を幸せに
してよ
数年後
投げかけたエネルギーが３次元化すると
幸福で満足
不幸で不満

あるのは偏ったものの見方をする大多数の人々がいるだけ！　まずは一番に、普通という概念の呪いを解除しておきましょう！

なぜ約2年前から急に高次元のエネルギー体であるUFOが、私の元を週に3、4度という高頻度で訪れてくれるようになったのかと考えました。その理由の1つには、私がたいていの日本人にかかっている呪いを解除できている、ということもあったのではないかな？と思います。

第2章

奇跡は私の店で起きている！続々と起こるラッキーな出来事

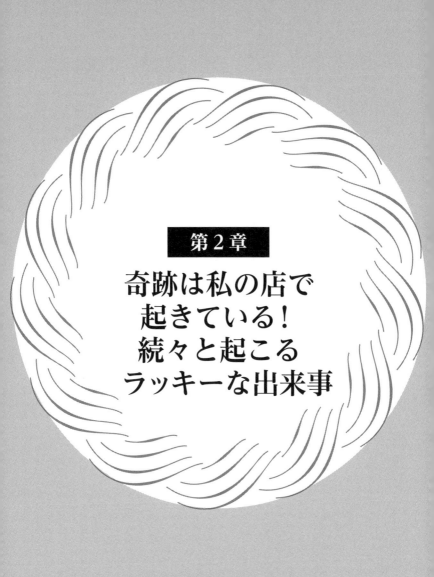

#「一発逆転!」を呼ぶ石

長野県の地方都市である飯田市に、パワーストーンとアジア雑貨の店「アジアンロータス」をオープンさせたのが1998年。

5m×5mほどの小さな小さな敷地で、トイレも大家さんに借りるような店からビジネスをスタートし、お客様が増えてきたらお客様に相談されることも増えてきたので、「占い」や「悩み相談」も同時進行する店舗になりました。

以来、パワーストーンブームの後押しもあり、伊那店「ラクシュミー」、松本店「ガネーシャ」、諏訪店「クリスタルドラゴン」と順調に店舗を増やし、2023年には飯田店2階に「自然療法サロン　アジアンセラピー　shanti」をオープンすることができました。

ともすると、「怪しい」といわれがちなジャンルをやって来た25年間、お店を支持してくれたお客様達には感謝しかありません! 私自身は「天から降り注いた奇跡的ラッキー」のお陰で、個人的にはもうお金のためには働かなくてもよいのですが、「スタッフが輝くステージである店をなくすわけにはいかない」という気持ちと、縁のあったお客様達がある程度幸福な自己実現をしてくれるまでは店を存続します。

だから、高速道路で往復3時間通勤という過酷な労働環境を頑張っていられるのです。老体にはつらい労働環境でもこれが天命の仕事なので、身体のエネルギー以外の、何かのエネルギーが私を動かしてくれるのを実感するのです。


約8年前に「これからはパワーストーンの業界に高波動石フェナカイトのブームが来る！」と直感し、かなり早い段階で入手困難だったフェナカイトを、原石で買い占めました。

8年前はフェナカイトに関する情報もあまりありませんでした。「地球上の5000種類の鉱物の中で、最も高波動といわれるパワーストーン」「入手困難な石のため、信用できる専門店で探すこと」というような文章をネットで読むくらいでした。

長いつき合いの日本の天然石問屋に特注して仕入れたフェナカイトを、石マニアのお客様や「強力な一発逆転」を切望するお客様に販売したところ、まずお客様方に「奇跡的な一発逆転劇」が多発しました。

そのたびに「驚くほどパワーのある石がある」と、噂が噂を呼んで、まず飯田店、伊那店のお客様の間で、フェナカイトのプチブームが起こりました、私やスタッフ達が「お客様の奇跡にあやかろう！」と買い始めたのはそのあとです。

各店舗でお客様のお悩みに応じたパワーストーンを提案販売してきて、「これがあるから大丈夫！」と自分や石のパワーを信じたことで、実際に運気が好転していった何百というお客様の奇跡的逆転劇を見てきました。

貴方がもし、「自分自身が信じられない」なら、**地球とともに数万年を成長した石の安定パワーを信じればいい**のです！　小さい成功体験がいずれ「自分を信じられる」自信になっていきます。ただ信頼と依存のエネルギーは違うので、エネルギーの使い方を間違えないほうがよいですね。

「金運の石を買ったのに競馬で負けた、どうしてくれる！」と怒りを巻き散らすお客さん。都会のパワーストーン屋ではあるあるらしいですね。そうした行動というのは、また自分が怒りを感じることになる出来事を引き寄せます。これが**エネルギーの法則**です。

「高い石を買ったのによいことが起きない」という言葉も、言霊にして発しないほうがよいのです。「よいことが起きない」という宣言が3次元化してしまうからです。

「お金ないから買えない！」という言葉も「私はお金がない人です」を宇宙に宣言するようなものです、そんな決意表明はしなくていいんです！　決意表明してしまった内容が引き寄せられて3次元化しやすくなります。

逆にフェナカイトなどの高波動石を味方につけて、「これで大丈夫！」と自分の運命を一発逆転させていった人達をこの26年間で何百人も見てきました。ざっと奇跡の数々を思い出せるだけでも軽く本が1冊出せるくらいです。いくつかあげてみましょう。

＊お客様で、経営難に悩んでいた建設会社の社長さんがフェナカイトを身につけて中国に打って出たら、十数億の契約を取って一発逆転！

＊お子さんの登校拒否で悩んでいた伊那店の元店長Mさんが、「ネットでフェナカイトは周囲の人にもよい影響を与えるって書いてあったから」と、大粒フェナカイトを購入したところ、あれよあれよという間に、その悩みの種だった娘さんがシンガーとして伊那ケーブルテレビに出演！　さらには家族そろって長野県全域版のテレビ番組にも出演し、娘さんはレコード会社からのスカウトがありながらも、まさかのスピード結婚！　フェナカイトをつけたお母さんだけでなく、家族まで一発逆転してしまった！ということも起きました。

＊フェナカイトリングを購入した男性が、３日後にまさかの社長に抜擢！という一発逆転

劇が起きました。今やその男性は、足しげく通ってくださるお得意様です。

＊35年間もの長い時間を元旦那さんのＤＶに耐えてきた奥さんが、フェナカイト購入をきっかけに飯田店のお得意様になってくださいました。その後、無事離婚し、元旦那さんとは正反対の優しいスピリチュアルな旦那さんとさまざまな困難を乗り越えて再婚。幸せな家庭を作り、一発逆転！

＊長野県Ｈ村の元村長夫人Ｋさんが家族全員分のフェナカイトをご購入後、東京にいる娘さんが関東圏の美人コンテストで優勝！　ママさんモデルに！　野球に打ち込んでいたお孫さんは日本ハムのドラフト1位指名に！　Ｋさんご本人もレイキヒーラーとして活躍、自伝本を出版！

＊ダンディなお客様のＨさん。美男・美女コンテストの男性シニア部門に出場、当店オリジナル商品の「高波動シナジー3（フェナカイト、ペタライト、ダンビュライトの相乗効果パワー）」をつけて出場したところ、なんとみごと優勝！！！
私も地元新聞でそのニュースを読みました。Ｈさんの胸に輝いていた「高波動シナジー

3」がお店ですごい話題になりました！


本当に、ほかにも書ききれないくらい、思い出せないくらいの「フェナカイトの奇跡的な一発逆転劇」がお客様に起きた8年間でした。それを心底「よかったですね！」と喜んでいる自分がいるものの……「あれ？　なんでフェナカイトをたくさんつけている私には何も起きないんだろ？」という気持ちも正直ありました。

「まあでも好きなことが仕事になって、それで成功できている今が、充分に奇跡的ラッキーだよね……」と思い直してもいました。


今ならわかりますが、これもある種の**思い込みの呪い**で、よくよく考えたら「貴方の幸せの最大値はここまでですよ」って誰が決めた？って話なんですよ！！！

神様が決めたのか？

いいえ！　自分ですよ！！！

私自身は、すべての日本人にかかっている、あらゆる呪いを解除できているつもりでいましたが、実は高度成長期に働き盛りだった親の世代からの影響で、

「苦労しないと豊かにはなれない」

「お金はあり過ぎると怖いもの」

「欲張ったらバチが当たる」

などなどの**お金は怖いの呪い**にしっかりかかっていたんです！　呪いは解除できてはじめて「あれは間違った思い込みだった」と気がつけます。認知間違いの最中にいる間は「よくよく考えたらこれはちっとも真実じゃなかった！」って気がつけないんですね。

もしも私にお金は怖いものという呪いがかかったままだったら、「奇跡的ラッキーの1億」も降り注ぐことはなかったな、と思います。

一発逆転を呼ぶ？　フェナカイトのペンダントヘッド

40年来の友人K子ちゃんに起きた奇跡

26年間の店舗経営の中で、お客様に起こった一発逆転劇のごくごく一部を書いてきましたが、特筆するべきはやはり40年来の友人のK子ちゃんに起きた逆転劇です。

K子ちゃんは父親がアスベストの被害者で、長く体調不良だったために、父親の看病、長引く裁判の代理などさまざまなストレスを抱えていました。

「本当にこの石で人生が逆転できるなら」と3万前後のフェナカイトを購入してくれて、それを身につけてから約7か月後のことです。

なんと父親の勤務していた会社側が非を認め、完全勝訴したのです！　そして、ATMの前でぼうぜんとするような金額が振り込まれていたそうです。

これだけだったら「たまたま裁判が終結するタイミングだっただけだよね」という見方もあります。しかし彼女が**天の後押しのパワー**を実感したのは、そのことだけではなかったのです。

勝訴したあとの保険金が支払われる保険契約の日づけ、「2023年○月○日からこの保証は有効です」という、まさしくその日に……お父さんが亡くなったんです。

保険のことも裁判のことも何も知らされていなかった病床のお父さんが、まるで「この日に（天に）還れば、苦労をかけた娘に大きな額を残せる……」と、知っていたかのようなタイミングで、です。

保険というものは無情なもので、1日でも早い日づけでお父さんが亡くなっていたら、1銭も出なかったわけですから、天の後押しパワーと父親の愛情の奇跡を感じずにはいられない出来事でした。


この奇跡的な逆転劇に心から感動した半面、私の中の単純な脳ミソの部分、多分直感脳の部分に電気が走り、こう考えたのです。

「K子ちゃんの3万円のフェナカイトでこんな奇跡が起こるなら、私の25万のフェナカイトはもっと引き寄せてくれてあたりまえだよね！」

すごくシンプルに！

よくよく考えるとあたりまえや普通は3次元にはないのですが、私の中のよく考えない単純な脳ミソ部分が、そのときはもっと引き寄せてあたりまえ！　と信じてしまったのです。

そして3次元のルールとして、**あたりまえという幻想を強く信じ込んでしまうと努力しなくても物事がそのように動く**んですね。あたりまえのことはできてあたりまえだからです。

K子ちゃんに起きた奇跡的ラッキーを見たことで、「私の幸せの上限はここまでです！」って誰が決めた？と、ふと自分に尋ねました。

神様か？　……違うな。そして、「ここまで」って勝手にリミットを設定していたのは私自身だった！！！」と悟ったら、身体中に電気が走ったような感覚がありました。そのとき、「私の幸せの上限はここまで！」のリミッターが外れたのです！

「天から1億円が降ってきた！」奇跡的なラッキーが起きる

「天から1億円が降ってきた」という奇跡が起きたこの時期は、タイミング的に数秘術の運命サイクル1で「新しいことをどんどんやりましょう！」の波だったので、問屋から新入荷のパワーストーンをバンバン買いまくっていました。

ロシア産、ブラジル産、マダガスカル産の3つのフェナカイトをネックレスに、さらに癒しの隕石リビアングラスや霊的パワーといわれるパープルサファイアのブレスやリングを新しく装着して、テンション爆上がり！のときでした(鉱物マニアとして正しい反応。笑)。

特に**異次元とつながるパワーがある**といわれるマダガスカル産フェナカイトを、ネックレスの3個目に装着した1か月後のことです。

テレビ東京「開運！　なんでも鑑定団」の番組プロデューサーさんから、番組出演の依頼がきました。私が35年前に知り合いの作家の先生にいただいた、草間《くさま》彌生《やよい》先生の直筆の色紙絵を出してくれないかという依頼でした。

私が松本市の知り合いの作家の先生に「彼らは日本のストーンズですよ！　おすすめします」とプレゼントした日本のロックバンド、ザ・ストリート・スライダーズのデビューアルバムのお礼で、まだ当時日本ではそこまでメジャーではなかった草間先生の直筆作品をいただいたのです。

「アバンギャルドな人の作品はアバンギャルドな人が持っているといいよ」と、とっても気前よく、すごいお宝をいただいてしまったのです。

当時ＬＰ１枚分の２５００円でゲットできた色紙絵が「開運！　なんでも鑑定団」出演で、なんと１７００万円の高額鑑定額がつきました。しかも当日のゲストは若い頃ファンクラブに入っていた国民的グループ元Ｓの推しのＧちゃんでした。テレビ東京で楽しく推しと話をしていたら「天から１７００万が降って来た！」くらいの感覚です。

そしてこのテレビ出演の後日談が、また超ド級の奇跡でした！

私の住む地域のテレビ局、テレビ信州の放送は、テレビ東京での放送から約２か月後の予定でした。しかし特番が入ったことで、テレビ信州での放送が１週間遅れてしまったのです。

「何日に放送ってお客様に言いまくってたのに、訂正しなきゃいけないじゃん……面倒くさいな〜」と思っていたのですが、実はこれがまさしく、**天の采配**と**天の後押し**だったのです。

海外の某有名オークション会社の方が日本に出張に来たタイミングで、たまたま私が出ていた1週遅れの「開運！　なんでも鑑定団」をテレビで見て、私に連絡をくれました。

「アメリカのオークションに出せば草間作品は1億です！　日本では売らないでアメリカで売ってください」とのこと！！！

テレビに出たことで、変な電話を何本ももらっていたので、この電話も詐欺だろうと思いました。「いや、売らないです」とお断りしていたものの、絵を銀行の貸金庫に入れたあとに、電話の主が本物と判明したのです。

私の意識が**「私の幸せの上限はここまで！」という思い込みのリミッターを解除**したら、とんとん拍子の宇宙の采配で、「天から1億円が降り注ぐ」という奇跡がやってきました。

そしてこれもまた不思議なカルマの糸の揺らぎを感じることなんですが、私の中でこの出来事は、幸運のカルマの糸の両端に、ザ・ストリート・スライダーズと草間先生がいるという感覚でした。それが偶然にも2023年に、ザ・ストリート・スライダーズは22年ぶりの電撃再結成、奇跡の復活劇を果たしたのです。長年のファンとしては感涙ものでした。草間先生もまた、２０２３年にルイ・ヴィトンとのコラボで積極的な活動をされていま す。この２つの大きな運命の揺らぎの中に、私の運命の活性化も連動していたのかな?と感じます。

運のよさも、運の悪さも、縁のある人から人に伝染しますから。なぜ縁があるといってしまえるかというと、若いとき、草間先生の展覧会のお手伝いのボランティアに行ったというご縁がありました。またザ・ストリート・スライダーズは、音楽プロモーターの仕事をやっていた時代に、ＨＡＲＲＹさん、ＪＡＭＥＳさんと一緒にお仕事させていただいたというご縁があったからです。

年商1億円と1億円詐欺

女性経営者として、世の中の女性社長様達にぜひ注意を促したいのは、「大きなお金が動くときには悪意のある輩が寄ってくる」という事実です。「今の世の中、他人をだましてでもお金を得たい人というのはたくさんいるのだ」と実感した事件が私に降りかかってきました。

当時、飯田・伊那・松本・諏訪と4店舗を作ったことで、会社の年商は1億円を超えるようになりました。するとそれに呼応するかのように、スケールの大きい犯罪に巻き込まれそうになったのです。

宇宙の仕組みを知っていれば、自分が宇宙に放った悪意というエネルギーは、質量保存の法則でよろしくないエネルギーになって、自分の未来や来世に還ってきてしまうのに。万引きしたパワーストーンがハッピーやラッキーを呼び込むわけがないのと一緒で、宇宙に悪意を放つと、自分に不本意な現実が現れるだけです。

どうしてそんな割に合わないことをするのか理解に苦しみますが、3次元の人間が皆そんなルールを知っているわけでもないですからね。お金で幸せが買えるというお金の呪いにかかっている人間が多いというのも、またこの3次元の現実でもあります。

法律や経理に疎い女性経営者は、特にターゲットにされやすいですから要注意です！　今回は3次元に干渉することがあまりないはずの霊的レベルからの警告が多発して、ことなきを得られましたが、経営や契約に関わる仕事をしている皆さんは気をつけてください！

ことの始まりは、諏訪店「クリスタルドラゴン」移転のためにいくつかの物件を内見していたときのことでした。たまたま出逢った不動産屋の社長夫婦が、当社の信用度チェックの際に会社の業績を見て、こう言ったのです。

「税金を払いすぎていて節税していない！　ちゃんとした会計士やコンサルをつけて節税しないともったいないですよ！」

私の知らない法律や税金の知識をいろいろ教えてくれたことから「月に10000円のコンサル料にしますから、私から節税アドバイスを受けるといいですね」という話になりました。

今にして思えば、事故物件でもなんでもない諏訪店で、霊的な不思議な現象が起き始めたのは、この自称コンサル親父に会ってからでした。建てつけが悪く、自動的に閉まってしまう洗面所のドアが、私が歯磨きをしているとき、誰もいないし、風もないのに全開に開いてしまったり、店内のドリームキャッチャーが風もないのにクルクル回り始めたり……。

そのときは、「諏訪店が諏訪大社の上社下社をつなぐ『龍神の通り道』にあるからだろう」くらいに私も考えていました。

そしていよいよ物理的にあり得ない現象が諏訪店で起こり始め、これは霊的レベルから「何かのメッセージが来ているのか？」と考えるに至りました。

諏訪湖畔に位置する「クリスタルドラゴン」は、諏訪湖の冷たい風が吹きつける立地にあります。残業があって店に泊まり込んでいたある朝、早朝6時に「寒っ」と眼が覚めて一度トイレに行き、その後、2度寝してから朝9時に起き、もう1度トイレに行きました。

すると、朝6時の時点ではなんともなかったはずのトイレ内部が荒れているのです！外すことが結構やっかいなトイレットペーパーカバーがなぜか外れて床に落ち、ゴミ箱の蓋が外れ、ストックのトイレットペーパーはすべて床に落ちている……。
「？？？」と思いながら全部きれいに直し、洗面所に移動すると、朝6時にはなかったはずの謎の白い塊がシンク内部にあったのです（龍神は穢《けが》れを嫌うといわれるので、シンク内は普段からまめに掃除をしています）。

水をかけても流れないのでつまんでみたらなんとそれは「ホワイトムーンストーン」のペンダントトップでした。しかもあとで確認したら、諏訪スタッフの誰も見たことがない商品だったのです！

そのときは、これは前日諏訪店を担当してくれた伊那店の新人スタッフHさんが、お客様から預かって洗浄した石を返却し忘れた物であろうと判断しました。朝9時にHさんにメールをしたところ、「私そんなことやってませんよ」という返事が返ってきたのです（Hさん、朝からとばっちりすみませんでした！）。

風水に詳しいスタッフと話し、トイレの荒れは財運の波乱に注意という意味のメッセージであること、ムーンストーンという石は人間関係のトラブルを穏やかにするという意味の石であるという結論になりました。総合して考えるとお金の波乱を伴う人間関係に注意という意味かな？という話に落ち着きました。

この時点ではまだ、その現象と自称コンサル親父とは、結びついていなかったのです。ですが、物理的にあり得ないトイレと洗面台の異変が起きた、まさしくその日に事件が起こりました。

自称コンサル親父から「コンサルタント契約の契約書もいただきたいし、これから諏訪店に行きます」との電話がありました。わざわざ1時間かけて松本から諏訪店に来るという話に、私は初めてその親父から違和感というか、不穏なエネルギーを感じてしまったのです。

なんとも表現が難しいのですが……後ろ暗いエネルギーを放っているように感じたわけですね。そこで、1度読み飛ばしたコンサルタント契約書を改めて読み返してみました。

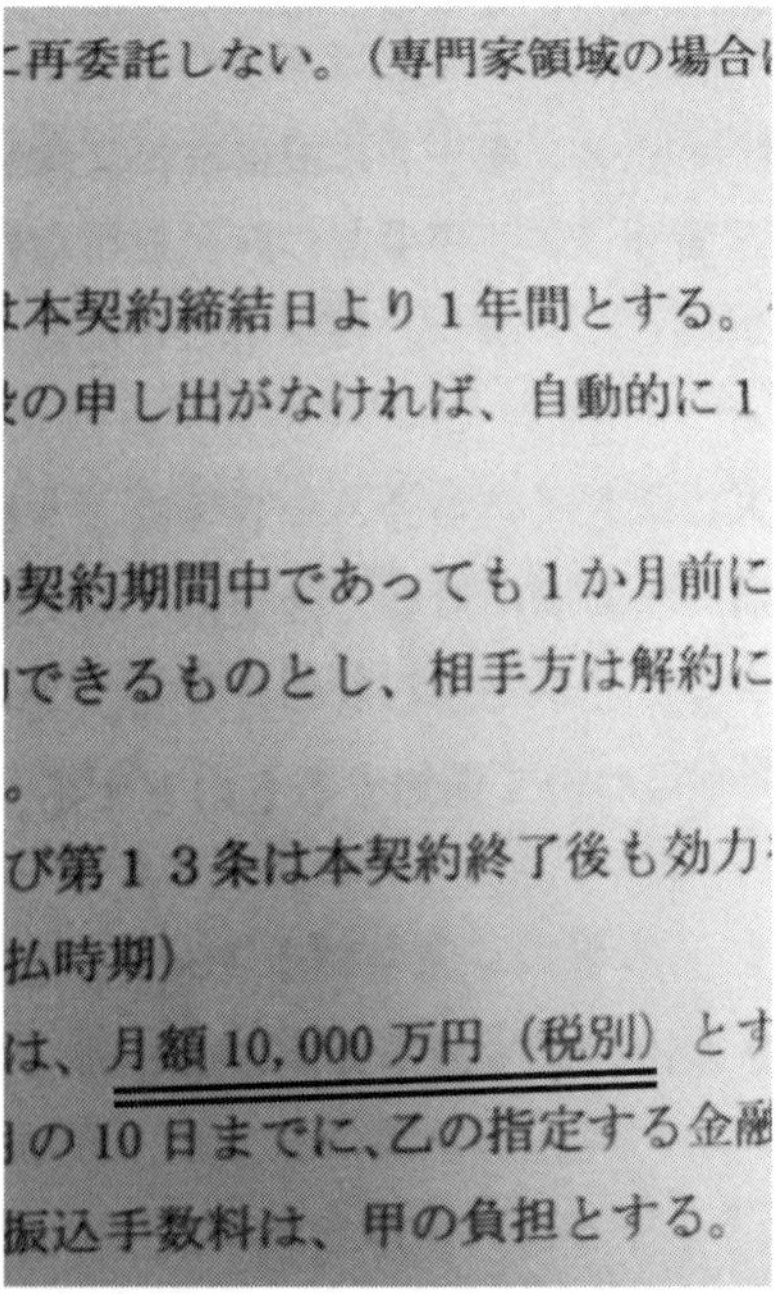

再委託しない。（専門家領域の場合
本契約締結日より１年間とする。
の申し出がなければ、自動的に１
契約期間中であっても１か月前に
できるものとし、相手方は解約に
。
び第１３条は本契約終了後も効力
払時期）
は、月額10,000万円（税別）とす
の10日までに、乙の指定する金融
振込手数料は、甲の負担とする。

なんと、月額1万円のはずだっ

た契約料は、月額1億円のコンサル契約になっていたのです（前頁写真。しかも税別ですよ、鬼か！）。これを読んで一目で「これはヤバイ」と思えなかった人は、だまされやすい人なので要注意です！

そもそもコンサルはこういう詐欺まがいの契約からクライアントを守るのが仕事です。故意なら問題外ですし、うっかりでもこんなレベルのうっかりミスをするコンサルなんて信用できませんから、すぐに縁を切りました。コンサル親父が宇宙に放ったよろしくないエネルギーは「契約破棄」という形で還ったわけです。

私はこれに気づかず、会社の実印を押してしまっていたので、もしあの日に契約書を渡してしまっていたら……。当然1億の支払い義務が発生し、合法的に会社を乗っ取られていたかもしれません。

あらゆる手を使って、3次元ではないレベルにいる存在が私と会社を護ってくれた、ということがわかりました。「たいへんありがたいのですが……その警告、わかりにくいです」とも思いましたが（笑）。

考えてみれば、霊的な存在が3次元に干渉しすぎたら、3次元の人間は成長できません。加えて、宇宙のルールである**「他人のカルマを奪ってはいけない。他人の人生をコントロー**

ルしてもいけない。天はそれを喜ばない」に触れることになるので、わかりやすく「あの親父に気をつけなさい」と日本語で伝えてくれることを期待してはいけないのだな、とも思いました。

めでたくこの1億円詐欺事件を回避できたあとで、諏訪店の神棚にお供えするものを上質の日本酒に変えました。すると雨続きで肌寒い諏訪の気候にもかかわらず、翌日見ると、不思議なことに日本酒の量が1センチ以上も減っていたのです！

3次元ではない存在の皆様に「いつも御守りいただき、お助けいただき、本当にありがとうございます！」とさらにお供えも奮発しました。

著者作成の宇宙龍

2022年から私の元に来るUFO

週に2回も3回も、我が家のベランダから見える位置に飛来してくれる（私の出張先のバリ島やタイにも来る）UFOを観測して、わかってきたことがあります。彼らは他の惑星から来る金属製の乗り物ではなくて、**UFOに見えるもの自体が別次元から来るエネルギー体**だということです。

この私の認識は間違っていないと確信しています、なぜなら私が見てきた限りでいうと、一口にUFOといっても、次のようなバリエーションがあるからです。

「メタリックな金属に見える型」
「白い回転エネルギー型」
「白い流れ星型」
「青い流れ星型」
「オレンジ予告灯型」
「不動点滅型」

「透明または白や黒への変色型」

そして確実にいえるのは、彼らは**私の思念エネルギーを読んでいる**ということです！

そうとしか思えない行動が何度もあったので、これも間違いありません。

2022年の7月は記録的長雨で、夏だというのに、毎日曇ったパッとしない天気が続いていました。その日も「夏なのに晴れないな～」と思いながら高速を運転していたら、ふと見ると一面の灰色の雲の中、1個だけ「真っ白」な「風の流れに逆走している雲」がありました。

「キミ、雲じゃないよね？　UFOだよね？　惜しいことに色が違うんだな、色が」と、心の中でツッコミを入れたところ、なんとその白い雲は端から徐々にグレーに変色していきました。そのあとの「いやいや……どうやって私の心を読んだんだ？」というツッコミもきっと認識していただろうと思います。

私にはあちらの意図は読めない。でもあちらは、私の思念エネルギーを読むことができる。

あちらは変幻自在に形を変え、私がどこの国にいようとついて来られる。

そして現れるときは突然パッと現れ、消えるときは点滅してグラデーションで消えることが多い。

おそらくエネルギーの周波数を変えることで、色を自在に変えたり、3次元の波長に周波数を合わせて金属に見えるようにも変化できる（ときどき、すごくメタリックに発光するときがある）。

今の最先端の科学を駆使しても、今のところ、自在に物体の形を変えられ、かつ一瞬で移動ができる乗り物を作るような技術は、地球にはないでしょう。宇宙文明は、地球人が本当の意味で精神文明に目覚めないと到達できません。

地球ができて46億年の進化の歴史の中で、地球人はいまだ同士討ちのような争いに明け暮れています。自然や地球と共存することすら危うい地球人が、宇宙に進出できるほど、今の文明を長く保てるわけがないのです。

これらの事実を総合すると、明らかにUFOの姿を借りて飛来してくる何かのエネルギー体は、3次元をはるかに凌駕する高次元の存在であろうという結論しか出てこないのです。つまり「高次元が3次元に近づいてきている」。これがアセンション（次元上昇）ということなのだと思います。

さまざまなスピリチュアルの指導者について学んだことの中に、「**人類はこのまま意識の進化ができないなら淘汰され、人類という『種《しゅ》』自体が危うくなる**」という終末予言が多いということを感じていました。

高い意識状態から地球を見下ろすと、きっとそうなのでしょう。

自然や他人と共存できない。

人間の意識の進化が進まない。

これではきっと、いつか取り返しのつかない戦いや災害が起こります。進化か。種として滅びるか。アセンションとは、人間にその選択を突き突きけられている、そんな気がします。

そして1万人超のお悩み相談を行ってきて感じた私の持論ですが、産業革命から200年続いた土の時代、つまり大量生産・大量消費・大量廃棄の、物質的な物にあふれた時代、男性性優位のお金と権力を持った者が悪事を隠蔽できたという時代は終わりました。

今や女性性が注目される風の時代になり、情報とネットワークとつながりの時代になりました。隠蔽《いんぺい》されていた悪事はどんどん白日の元にさらされ、時代の変化に対応できない店や会社や産業がどんどん淘汰され、なくなっていきます。

会社という単位のものがなくなっていくなら、これから大人になる人達は皆が皆、Word や Excel ができなくてもいいんです。

「私はＯＬやサラリーマンになるために生まれて来たのではありません」というような、風の時代を反映した子どもたちが多く生まれるようになっています。

ＨＳＰ（過度に繊細な特性を持つ人）とか発達障害とかいわれる子どもたちがそうだと思います。ＨＳＰの人達はエネルギーが３次元化する前の繊細な変化を読み取って、人が気づかない物事に気づき、人が見通せない物事を見通すことがあります。

だからこそ他人に疲れてしまうし、繊細で打たれ弱いのです。その繊細さは持て余してしまうと弱点になるけれど、「人を助ける仕事をする」という立場になると、「これは長所だった！　繊細さは私の武器になる」と気づくことでしょう。

私が立ち上げた一般社団法人ホリスティック数秘術®協会では、数秘カウンセラーになるための講座を開いていますが、過去に鬱や自律神経失調や人間不信に悩んだ方も多く受講されています。そのような方々こそが、今や売れっ子数秘カウンセラーになれた例も、実際に多いのです。

繊細さは弱点ではなく、人に「ありがとう」といわれる仕事をするときに、強力な武器になります。このことは覚えておいてください。

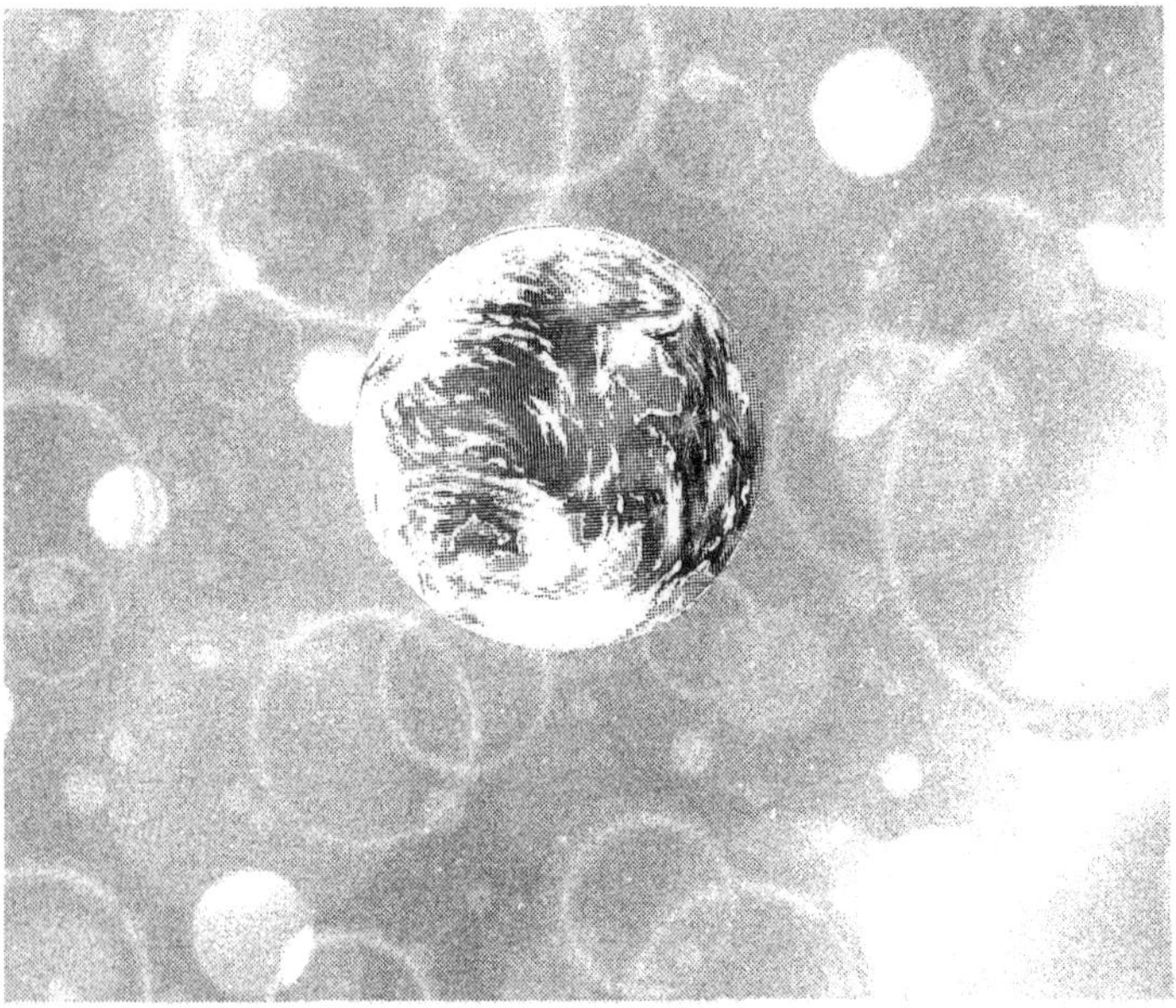

地球のアセンションは、私達一人一人の気づきから……

第3章

知っていると楽に生きられる心の法則

信頼という「因果の糸」を結ぶ

私が養成講座を受講してくれた皆さんによくお話しすることがあります。長く数秘カウンセラーをやっていると、本当に本当に傷ついて助けを必要として来てくれるクライアントさんとの出逢いがあります。

そのとき、過去に自分が傷ついて、そこからはい上がってきたからこそ出てくる言葉があるのです。そして心から、「ああ、私はこの人にこの言葉を伝えるために、過去のつらさを経験したんだな」と思う瞬間が来ます。

私自身にこの感覚が起きたのは、諏訪店の「クリスタルドラゴン」での出来事でした。お店は諏訪湖の湖岸ロード沿いにあるため、お客様は観光客の方が多かったのですが、その日はシフトが埋まらず、私自身がお店に出ることになったのでした。

東欧から来たという金髪碧眼の日本語を話す若い女性を私は一目見たとき、「あ、この人はスピリチュアルな話が通じる人だ！」と感じました。この女性と会話していた1時間の間、珍しくほかのお客様が来ることはなく、「どうしてそんな遠いところから日本に来たの？」と聞くと、「私の家には私の居場所がなかった。いろいろと問題があって帰れない。私は日本に住みたいんだ」と、自分の過去を日本語と英語を交えながら語ってくれました。

彼女の話が終わったとき、私の口をついて出て来た言葉に自分自身でも驚きました。「家から逃げて今日本にいる自分を全肯定しよう！　私も若いとき、家に居場所がなくて、アジアにばっかり旅に出ていた。今はそれが自分の仕事になった。

貴方もきっと日本でやることがあるからここにいる。ひょっとしたらここで私とこんな話をするために、私達の過去があったのかもしれない。今の自分を全肯定したらオセロの駒が黒から白に変わるように貴方の過去を意味のあるものにできるから！」

日本語と英語を交えながらなんとかこの女性に伝えたい、という言葉を伝えました。彼女は泣きながら、「ありがとう、私も今日、貴方からこの言葉を聞くために日本まで来たのかもしれないと思う」と言ってくれました。

たった1日、たった1時間の彼女との邂逅《かいこう》でした。けれど、眼に見えない**信頼感という因果の糸がつながった**と感じた時間でした。

人間はそもそも立派になるために生まれていない

HSPの人達はその繊細なセンサーで、**人類が向かうべき方向を察知する、混沌とする情報の海から本物を見極める、という役割がある**といわれています。

発達障害といわれる人達は、そもそも障害ではなく、特性であり、会社や店や産業がなくなっていく風の時代という世界の変化に対応したニュータイプの人類です。「OLやサラリーマンをやるために生まれて来たのではない」という人達であろうと個人的には感じています。

実際に共通一次試験には向かないけれど秀でたジャンルがあったり、WordやExcelはできなくても突出したほかの才能があったりする人が多いのです。

日本の母親にかかっている最も大きな呪いは、「子どもを真面目な正しい、立派な子に育てなければ！」という思い込みです。そもそも数秘学的にいっても正しく真面目に立派に生きるために生まれたのは運命数「4」「9」「4の要素が強い22」の人だけです。だからそれ以外の子どもは正しくなくてよいし、真面目でなくてよいし、立派にならなくていいのです。

たとえば楽しく生きるために生まれた「運命数3」の子どもに、「どうして貴方はもっときちんとできないの？」といわれても、本人は困るだけです。逆に正しく真面目に生きるために生まれた「運命数4」の子どもは、「どうして貴方はもっと肩の力を抜いて適当にやれないの？」といわれても困るでしょう。

持って生まれた運命数によって、その人の生き方は決まっているのです。


「運命数1」の人は「幸せも不幸も自分次第」という主体性のために生まれる。

「運命数2」の人は「人をサポートし、支える」ことのために生まれる。

「運命数3」の人は「楽しく生きることは正しく生きることと同じ価値がある」という生き方のために生まれる。

「運命数4」の人は「正しくコツコツ真面目に生きる」ために生まれる。

「運命数5」の人は「変化し、体験する」生き方のために生まれる。

「運命数6」の人は「無償の愛と依存の違いを学ぶ」ために生まれる。

「運命数7」の人は「誰かに幸せにしてもらおうとしない自立性」のために生まれる。

「運命数8」の人は「眼に見える結果を出せる努力の人」になるために生まれる。

「運命数9」の人は「人を助けてまわりや世界を平和に」するために生まれる。

「運命数11」の人は「内面の平和の確立とスピリチュアルな学び」のために生まれる。

「運命数22」の人は「現実世界と精神世界をつなぐ」ために生まれる。

「運命数33」の人は「スケールの大きい人類愛」のために生まれる。


このように12パターンの「生まれた目的が違う子ども」がいます。日本の学校が全員を「正しく真面目な子」にしようと教育しても受け入れられず、登校拒否や引きこもりの子どもが増える一方になると思います。

そして、「皆と仲よくしなさい」「まわりの人全員とうまくつき合いなさい」と教えてしまうのです。**人類の歴史上、まわりの他人全員に好かれた人は1人もいません。**全人類がいまだに成し遂げられない偉業を、なぜ年端もいかない子ども達が頑張らないとならないのでしょう?

たとえば欧米人は「自分を理解しないお前らが悪い」と考える傾向があるから、銃乱射などの事件を引き起こすそうです。日本人はとにかく自罰的で「皆と仲よくやれない自分が悪い」と考えやすいから、引きこもりや登校拒否になりやすいのです。

親も学校も教えてくれない「10人の人間関係のルール」

この考え方には諸説ありますが、「生まれて来た目的が全然違う10人の他人」と、私達との関係は大きく3つに分かれます。

○「貴方のことを好意的に認めます」という人は約30～40％。
△「貴方が私に都合のよいことをするなら味方に、都合の悪いことをするなら敵になります」という日和見的な人は約60～70％。
×「貴方がどんなにすり寄って来ても、私あなたのことが嫌いです」が約10～20％。

有名人や芸能人は「好き」と「嫌い」の割合が上がり、「どっちでもよい」が減ります。この割合は「皆に好かれないと私この職場で働けません」と思い、人間関係にすごく気を遣って敵を作らないように努力をしている人も同様です。「他人が私のことを好きの箱に入れても、嫌いの箱に入れても、その人の権利だからお好きにどうぞ。私にも誰をどの箱に入れるかを決める権利がありますから」と考える私のような人も、結果はさほど大きく変わることはないのです。

つまり、鬱病になるほどまわりに気を遣って好かれようとしても、「貴方の判断は貴方の権利ですからお好きにどうぞ！」と気にしなくても、結果は同じです。

「好き」「嫌い」「どっちでもない」の結果が同じなら、まわりに好かれる努力はそもそもしなくてよい努力ということになります。

人間関係で悩んで悩んで鬱になってしまう人は「あなたのこと、嫌いです」をゼロにしたい、という努力をしてしまう人なのです。けれど、鬱になるほど悩んでも、好かれようと努力しても、「あなたのこと、嫌いです」をゼロにすることは絶対にできません。なぜなら貴方も「10人の会社の同僚全員、同じくらい好きです」ということはないはずだからです。

「10％から20％の誰かから嫌われてもよい」と思う勇気を持てれば、貴方自身も友達を選ぶ権利があります。誰を好きになって誰を嫌いになるかは私に選ぶ権利があるんですと、心から思えるはずです。

貴方が10人の同僚の誰を「好きな箱」「嫌いな箱」「どっちでもよいの箱」に入れようと

貴方の自由です。同じように貴方の同僚にも同じ権利があります。貴方がどの箱に勝手に入れられようと「そこは私の采配ではなく、貴方の采配ですからお好きにどうぞ」と心静かに受け入れるだけでいいのです。貴方が10人の同僚全員から好かれたい、と思ったら貴方自身も10人の他人を全員好きにならないといけません。

そんな義理はどこにもないと思いませんか？　だって誰を好きになるかは貴方に選ぶ権利があるんですから！

日本人は真面目なので、自分のことを嫌いな人にもなんとか認められようと、すごく仕事を頑張ります。その結果、自分だけ昇給したり、出世してしまったりということもあるでしょう。そうなると、貴方を「どっちでもよいです」にしていた人が「貴方すごいわね、見直したわ」と、貴方を「好きで認める」箱に移すかもしれません。

でも一方で、「どっちでもよい」の箱にいた人が、「何よ、貴方ばっかりいい子ぶっちゃって」と「嫌い」の箱に移動することもあります。「他人軸の頑張り」は自分が消耗するだけですから、鬱病や燃え尽き症候群の原因になってしまうこともあります。

人間はこの3次元にせいぜい85年の平均年齢を生きる分のエネルギーしか持ってきていません。そんな限られたエネルギーを「他人軸の頑張り」で消費することは、とってももったいないエネルギーの使い方だと思いませんか？

実は**他人と共存できないことは、人間にとって人生最大のストレス**なんです。お金がないことの悩みも、結婚できない、恋愛がうまくいかないという悩みも、地球上から戦争がなくならないのも、根っこにある問題は、他人とうまく共存できないからです。

「どうしてあの人って……」という感情は怒りと不満しか生み出さない感情です。どうしてあの人ってという感情の底にあるものは、人として私のほうが正しいのにという不確実な認知です。

そして怒り、不満という感情を長く味わい続けると、自分が病むきっかけになります。さらにいうと、自分のほうばかりが心身ともにダメージを受けているのに、相手は何も変わりません。

自分と相手の正義のフィルターはどちらも未熟で、正義は簡単に逆転するという事実を知ると、「あの人は私とは違うことをやるために生まれた人だから、あの人はあれで『あるがままの完全な状態』なんだ」と理解できます。

たいへん難しいことですが、相手を全肯定してしまうと、貴方自身もまた未熟な貴方自身のまま、相手から全肯定してもらえます。なぜなら**許し、受け入れるというエネルギーも、許さない、裁きたいというエネルギーも、どちらも相手に伝染する**からです。

心理学的にいうと、「メラビアンの法則」で、人間同士のコミュニケーションのうち、言語情報はたった7％といわれます。「私は貴方を認めません」という自分の内面は、わざわざ言葉で宣言しなくても、相手への態度や仕草や声色など残りの93％の自己表現でしっかり相手に伝わっているということです。

すると当然相手の自分への態度もキツいものになるので、相手のことを、いっそう嫌いになっていく、というマイナスの連鎖が続きます。

「相手を裁く必要はない、なぜなら私もまだまだ進化の途中、未熟な存在だから」。

地球上の1人1人がもれなくこの波動を出せるようになると、殺人や戦争のない世界になります。世界の平和を願うなら、まず自分のエネルギーから、ですね。

3次元ではオーラが大きいほうが有利！

3次元には3次元特有の物理法則があります。たとえば水が高い場所から低い場所に流れるように、**人間関係において影響というものは、エネルギーが大きい人からエネルギーが小さい人に流れる**ものなのです。

自分がどこかの会社の新入社員で「皆と仲よく平和的にやっていきたいです」という人がいるとします。しかし、新人であることから他人に委縮して、オーラのサイズが小さい状態（仮にオーラサイズ20％）であるとしましょう。

逆にその会社に在籍20年のお局様が、「新人いじめが生き甲斐です」という人だったとします。権力を持ったやりたい放題のお局の悪意のエネルギーサイズが100％であったら、新人の貴方の20％の清らかなエネルギーでは太刀打ちできません。お局の悪意エネルギーの影響を受けて疲弊してしまうのは、エネルギー量が小さい自分のほうなんです。

人情としては「清らかエネルギー」の持ち主に負けてほしくないと思いますが、3次元においては、エネルギーの質ではなく、エネルギー量が小さいほうが負けてしまう、ということが起こります。

私が40年関わって来た呪術大国バリ島では、現代でもブラックマジックの呪術師対ホワイトマジックの呪術師の術のかけ合いがあります。

その場合善の側だから悪の側に勝てるという結果には、必ずしもなりません。無情な話ですが、邪悪なパワーであってもパワーが強いほうの呪術師が勝ちます。ホワイトマジックの呪術師が相手の術によって、病気で亡くなってしまう、ということが実際に起きます。

人間関係において、エネルギーの量で相手に飲まれてしまって影響を受ける側にいる人が、どうやって自分を相手の悪意の影響から守ればよいでしょうか？　それは、相手の影響を受けないレベルまで自分のオーラを大きくするしかないのです。お局をよい人間に変えるのは、とうてい無理なことですから。

自分のオーラを相手と同等、または相手よりも大きい状態にすれば、相手をよい人間に変えなくても、自分をうまく守れるようになります。

オーラを大きくするために有効な方法をお伝えしましょう。それには、次のようなことを行ってください。

【呼吸を深くする。声を大きくする】

呼吸が浅い人は血流が悪く、気の流れが滞ることで、オーラサイズも小さくなります、声が小さ過ぎる人も自分の自信のなさの表れですから、呼吸が浅く、オーラが小さい方が多いです。

意識して声を大きくしてしゃべり、意識して呼吸を深くしましょう。

【人の悪口を言わない。芸能人のゴシップ話をしない】

人の悪口を言う自分の悪意のエネルギーを、一番最初に浴びるのは自分自身です。悪口やゴシップ話は、それを発する人の脳を活性化させません、結果的にオーラサイズも小さくなります。

【自分につながる命を否定しない】

悪口の中の最たるものは、自分につながる命を否定することです。親やご先祖様や命を育んでくれた自然やお天気の悪口です。反抗期の親の悪口は逆に健全です。親の未熟な世界観を一度は否定しないと自分の新しい価値観の世界を作れないから、反抗期が来ない子どものほうが大人になってからの人生がこじれやすくなります。

よくないのは、反抗期を過ぎても親を恨み続けることです。「親がこうだったから自分がこうなった」「親に愛されなかったから自分も人の愛し方がわからない」。その親を選んで生まれて来た意味は、子どもとして親の未熟さを乗り越えるためです。自分に続く命を否定することは、自分の命や健康に対しても不調和が生まれやすいのです。

【意識的にエネルギーを投入する。お金の流れる道を汚さない】

意識的に何かにエネルギーを投入することができないと、仕事に打ち込まない人が生涯年収が低い人生になる未来は簡単に予想できます。人に心を開かず生きてきた人に、結婚しない未来がくることも簡単に予測できます。

それは予知能力者でなくても容易に見通せる未来ですよね。1人で自分の好きなことだけやって生きていきたいと思ったら、親の介護費用や自分の消費するお金を、自分1人の収入で賄う覚悟は当然必要になります。

エネルギーは意識で動かせるので、意識的にエネルギーの流れを自分が制御することでエネルギーを投じたものが拡大し、パワーを持つようになります。お金というエネルギーも滞るよりうまく流れたほうが、自分の心身のエネルギーを安定させることができます。

自分に給与を払ってくれる会社の悪口、ひいては自分の給与の大元であるお客様の悪口が多い従業員で、すごく収入が高い人をあまり見たことがありません。

それは自分に流れ込むお金のルートを自ら汚しているからです。お金の流れるルートをきれいに掃除して、（感謝して）流れをよくしたほうが断然お得です！

【柑橘系の果物を食べる。柑橘系のアロマを活用する】

グレープフルーツやオレンジスイートなどの精油は、アロマテラピーでも気の巡りをよくし、自律神経の調整に有効とされています。滞った気を流してくれるでしょう。

現代人のオーラは運動不足で下半身は冷えているのに、気が頭の上で大渋滞していて、それが片頭痛や肩こりの原因になっていることが多いです。

この気の偏りは自律神経失調の入り口ですから、意識して柑橘系を取り入れてみましょう。レイキや気功などエネルギーをうまく動かせるテクニックを学ぶと、当然身体のエネルギーも活性化できます。

【レイキのアチューンメントを受ける】

10年以上前、レイキを受けに来たクライアントのサラリーマンの男性は、今でいうパワハラの被害者の方で、顔の右側が麻痺して動かなくなってしまったという状態でした。病院でウイルスや細菌などの原因を調べても検出されず、「麻痺の原因がわからないから心因性のものではないか」といわれたそうです。「確かに、自分に理不尽ないじめを繰り返していた上司のデスクは自分の右側にある。だからストレスが原因かもしれない」と言っていました。

私はレイキのシンボルを書いた紙をデスクマットの下の右側に入れ、毎朝その上からシンボルを書いてレイキのバリケードを作るように伝えました。そして、上司に怒鳴られたら、できるだけ早くトイレに行って悪意除けの石モリオンを入れたアロマスプレーを自分のオーラにかけて、エネルギーをリセットすることを提案しました。

他人の悪意は自分の細胞の中の水分が記憶して保有してしまいます。どうしても耐えられないダメージを受けてしまった日は、サウナに行って汗をかいて、**その日の邪気はその日のうちに外に出す**こともやってもらいました。

これはたいへん有効なやり方です。サウナに行けない日は、自宅のお風呂に当店の「ヒマラヤ紫塩」を1片と日本酒2杯を入れて浸かり、発汗して浄化してもらいました。

こうしたやり方を続けて約3か月後に、この男性の顔の麻痺は改善されました。さらにその後、問題の上司は転勤になり、空いたポストにクライアントが昇進して収まったそうです。

【パワーストーンを身につける。弱いチャクラを活性化させる】

古来から「鉱物療法」は、あらゆる宗教行事や祈祷などに活用されていました。育成条件によっては、天然石は1㎝成長するのに100万年を要するともいわれます。

人間よりもはるかに長い時間をかけて成長し、しかも劣化せず、病まず、衰えないという、地球で最も安定したパワーを持つのが鉱物です。平均寿命85年の傷みやすい人間が水晶などの鉱物にパワーと魅力を感じるのは、あたりまえのことですよね。

当社にも多数の健康石がそろっていますが、科学的に効果が実証されている「テラヘルツ波を放射するテラヘルツ鉱石」「ラジウム放射線を放射する北投石（ホクトライト）」「オーストリア政府が認めた健康石バドガシュタイン鉱石」「遠赤外線を放射するブラックシリカ」「抗酸化作用のシュンガイト」などは、身に着けたお客様から多くの体調改善の報告をいただきます。

全身にテラヘルツと北投石をつけて2㎝の乳がんを消した！という女性のお客様がいました。彼女が病院で石の宣伝をしてくれたおかげで、がんのお客様が殺到した、ということともありました。

自分のエネルギーを守るためにはオーラのサイズが大きいほうが有利ですから、さまざまなオーラの活性化のやり方を試してみて、自分に合うと実感したら、ぜひ継続していってください。

隕石を使用したペンダントトップ

恋愛は尽くし過ぎるとたいてい報われない

オーラが大きいほうが有利ということを実感するのは、やはり恋愛においてだと思います、**恋愛ほど力関係が顕著にわかる人間関係はありません。**

1万人超の方のお悩み相談を受けてきて、**人間の悩みの98%は人間関係の悩みである**と痛感します。恋愛関係はその中の一部ですが、未婚の男女では、家族よりも、仕事仲間よりも、恋愛関係が重要！と思う人も多いと思います。

「こんなに尽くしているのに大事にされない」「私の何が悪くて浮気するの？」「何年もつき合ったのに他の人と結婚されてしまった」「いつかそのうち、ばかりで、全然相手と別れてくれない」……etc。

本人は頑張って愛を勝ち取ろうと努力しているのに、その努力が見当はずれだと、いつまでも「人間関係の被害者」の立場から抜けられません。たとえば反抗期がなかった長男長女に多い傾向ですが、昔の日本の支配的で暴力的な父親、それに耐えるだけの母親の構図を幼少期から見てきてしまうと、父親の被害者だったかわいそうな母親を精神的に背負い過ぎるあまり、自分も幸せになれない恋愛をしてしまいます。

「かわいそうなお母さんよりも自分が幸せになるわけにはいかない」という潜在意識のプログラムに、無意識に従ってしまうからです。「父親に殴られて育った娘は、やはり自分を殴るＤＶ男と結婚する」「最初の旦那さんと借金と浮気の問題で離婚したのに、再婚した旦那さんも借金と浮気の問題を抱える男だった」という傾向も、多くのカウンセリングの中で見てきました。

普通に考えれば「父親のような人とだけは結婚したくない」「前の旦那のような男はこりごり」と思いそうなものです。実は、人間はよほど意識的に毎日を過ごしていないと、**無意識層で勝手に動いているプログラムに無意識に行動を支配されます。**

父親に殴られて育ったある女性は、顕在意識の領域では「女を殴るような男とは結婚しない」と思っていました。でもまだ小さく、弱く、無力な子ども時代は、子どもを殴る未熟な父親でも、父親がいないと生きていけません。だから「これはお父さんの愛なんだ。私のために殴っているんだ。悪いのは私だからだ」と認知間違いをしてしまうのです。

「悪いのは私」と認知間違いをしたまま大人になった少女が年頃になり、恋愛を体験します。本当に優しく真摯《しんし》で穏やかな男性を求めていたはずなのに、彼女が結婚した相手は怒るとひどい暴力を振るう男性でした。「殴ることはお父さんの愛情なんだ」と認知間違いをした彼女は、よりリアルな愛をお前が悪いんだ！と、自分を殴る男のほうに感じてしまっていたのです。

この女性は数秘カウンセリングを受けたことで、ようやく「私を殴るのは愛ではなく、父親の未熟さだった」という事実に気がつき、暴力亭主を自分から見限ることができました。

また別の女性は、もう借金と浮気癖のある男はこりごりと思っていたのに、再婚した男性も同じ問題を抱えていました。彼女は2つの仕事をかけ持ちして金銭的に尽くしましたが、旦那さんは「いつも悪いな」と口では言うものの、金使いの荒さを一向に改めようとせず、金銭的には完全に奥さんに依存していました。

その内に旦那さんの出会い系サイトでの複数の浮気が発覚し、奥さんはたいへん憔悴した状態で数秘カウンセリングに来られました。「私の何がいけなかったんでしょうか？どうしてあの人は私の収入に頼っている状態なのに、私にこんなひどいことができるんでしょうか？」と泣きながら訴えました。

私は浮気をする男性側の数秘カウンセリングをする機会も多いのでわかりますが、まず金銭的に女性に依存する男性は自分に甘く、自分に都合の悪い状況を他人のせいにする無責任さがあります。

こうした傾向の男性は女性に金銭的にサポートしてもらうことに対して、顕在意識では「いつも悪いな」と口にし、感謝の気持ちを持っています。しかし、実は潜在意識下では「自分に自尊心を持たせてくれないお前が悪い」という、女性への憎しみの感情があります。「お前が俺をダメな男にしているんだ」という憎しみが潜在意識下で渦巻いているから、女性に金銭的負担をかけたうえに、さらに浮気をするという最低な行為ができるのです。

それでもその女性は「頭では別れたほうがよいとわかっているのですが、別れることも怖いのです。自分でもどうしてなのか不思議ですが……」「そもそも再婚前から、何度も旦那への不信感を感じることはあったのに、自分自身でそれに蓋をしてきた気がします。もう前の旦那みたいな男はこりごりって思っていたはずなのに……」と言っていました。

この女性の「私はどうせ幸せになれない運命なんです」という、自分にかけた根拠のない呪いを解くには、彼女自身も気がついていない彼女の潜在意識の動きに気づく必要がありました。

「もちろん貴方の顕在意識は、もうあんな男はこりごりと思っていたはずです。ですが貴方の潜在意識は、より強く男の被害者だったトラウマを『修復しなければ、この傷を癒さなければ』と望んでいたのです。

だから貴方は『同じドラマを同じ設定でもう一度プレイしなければ』という衝動で動いていたのです。傷を修復したかった貴方は同じ設定のドラマを始めるために、前の旦那と同じキャラクターの男性を無意識的に選んでしまった。立派な男性だと、逆に不都合だったからです」

「ダメな旦那への執着は、実は自分の心の傷を癒したいからかもしれない」。その新しい認知は彼女の中の新しい感情を引き起こしました。

後日「私は貴方といても成長できないと思う。貴方も私がいたら成長できないでしょう？」と離婚を切り出すことができたと、報告がありました。

ちなみに、男性の尽くし過ぎもよい結果にならないことが多いです。

たとえば「お前のことどころじゃないんだよ。俺にはやるべきことがあるんだ」というタイプの男性なら、女性が追いかけることで関係が成立し、そのまま長続きする場合があります。反対に、なんでも女性の思いどおりに動いてしまう優しすぎる男性の場合は、女性の惚れた腫れたが尊敬という感情にスライドしにくいのです。

一般的に惚れた腫れたの恋愛感情の勢いは3年くらいで鎮火してしまいます。鎮火したあとの女性に男性への尊敬が残らない場合、女性は男性への関心が薄れます。

「僕達いつ結婚できるの？」

「……うーん……まだ今は難しいかな（ほかにもっと優れた遺伝子が見つかるんじゃないかなぁ？）」

もっとよい相手が見つかるのでは、と、男性の元から去るという展開になりやすいのです。結婚は平等で対等でなければ、惚れた腫れたが終わったあとの数十年を共存していくことは難しいのです。

親も学校も教えてくれない「心軽やかに生きる法則」

潜在意識下で勝手に動いている心理的なプログラムに自分が「気づく」ことで、光を当てて顕在意識に引き上げてあげれば、不都合なプログラムは解除できます。「気づく」ことで「新しい認知」が生まれ、「新しい認知」は「新しい感情」を引き出します。

彼女は「離婚が怖いという感情がなくなりました。逆に今は結婚していた時間よりも晴れやかな気分です。男性とうまくつき合うことより、自分自身とうまくつき合いたいと思います」と言っていました。

自分自身とうまくつき合う。それこそが傷ついた心を癒す本当の近道だと、私も思います。この女性のように、やり慣れた「被害者の配役」を何度も繰り返してしまうという方は、人間の潜在意識が基本的に新しいことを恐れるという特性を持っているからともいえます。体験し慣れた不幸のほうが、体験したことのない幸福よりも選択することが簡単なんですね。

一瞬一瞬を意識的に選択する。間違いなくこれは幸福への近道です。そしてさらにいうなら自分の人生劇場では、自分以外は全部脇役です。これをわかっていると、人間関係のストレスは激減します。

たとえば私なら61年間の中島由美子劇場を、61年熱演してきたわけです。若いときは、私対何人もの大嫌いな人間との、争いとストレスの劇場でした。「こいつだけは許せない」という、私にとっての悪役もたくさん登場しました。

でも振り返ってみると「こいつだけは消えてほしい」という悪役は数年ごとに人間が入れ替わったし、入れ替え可能、取り換え可能な登場人物はやっぱり脇役であり、61年間、私の人生劇場の舞台にいたのは自分だけだった、ということもよく理解できました。

私の人生という舞台で、私が「敵だ！」と思って戦っていたのは、実は私のコンプレックスだったのです。

自分が未熟なほど､周囲に嫌いな人間が増えていきます。自分の未熟さを許せない人は、他人の未熟さなんてもっと許せなくてあたりまえだからです。実は、自分が自分を確認するために、他人が悪役や加害者や善人や友人、というさまざまな配役で、私の人生劇場に登場してくれているわけです。

「私は常に誰かに傷つけられる存在です」と思っている人の人生劇場には、加害者の役割の登場人物が必要とされます。逆に「私は他人にぞんざいな扱いをされる人間ではありません」と思っている人の人生劇場には、たとえ自分に悪意をあらわにする人物が登場しても、自分にとっては好ましくないけれど、何かを学ばせてくれる役割の人が登場するわけです。

人間関係は自分の内面の投影と理解できると、消えてほしいほど嫌いな人をたくさん作らなくてすみます。それはとても豊かで平和な心の状態を作るので、3次元の物事も軽やかにスムーズに進んで行くことでしょう。

私も、若かったときは他人を自分の未熟な判断基準で、勝手に「敵・味方」「正義・邪悪」に選り分け、「チャッカマン」というあだ名をつけられるほど、血気盛んだった時代がありました。そのときに比べると、許せないほど嫌いな人間がいない今のほうが、はるかに心を消耗することなく、人生を楽しめています。

自分を取り巻く現実世界と自分が思っているものの正体は、実は幻にすぎません。なぜなら、周囲に起きていることは、未熟な自我の思い込みによる、未熟な反応によって見えているだけのものだからです。

結局、**私の人生劇場を熱演しているのは自分1人**なので、対人関係のトラブルと思っていることは、実は自分対自分の思い込みや、自分のコンプレックスとの闘いに過ぎません。その心の罠に気づくには、自分自身を客観視すること、マインドフルネス瞑想を行うことなどが有効です。

親も学校も教えてくれない心軽やかに生きる法則を、ぜひご自身の日常に落とし込んでください。

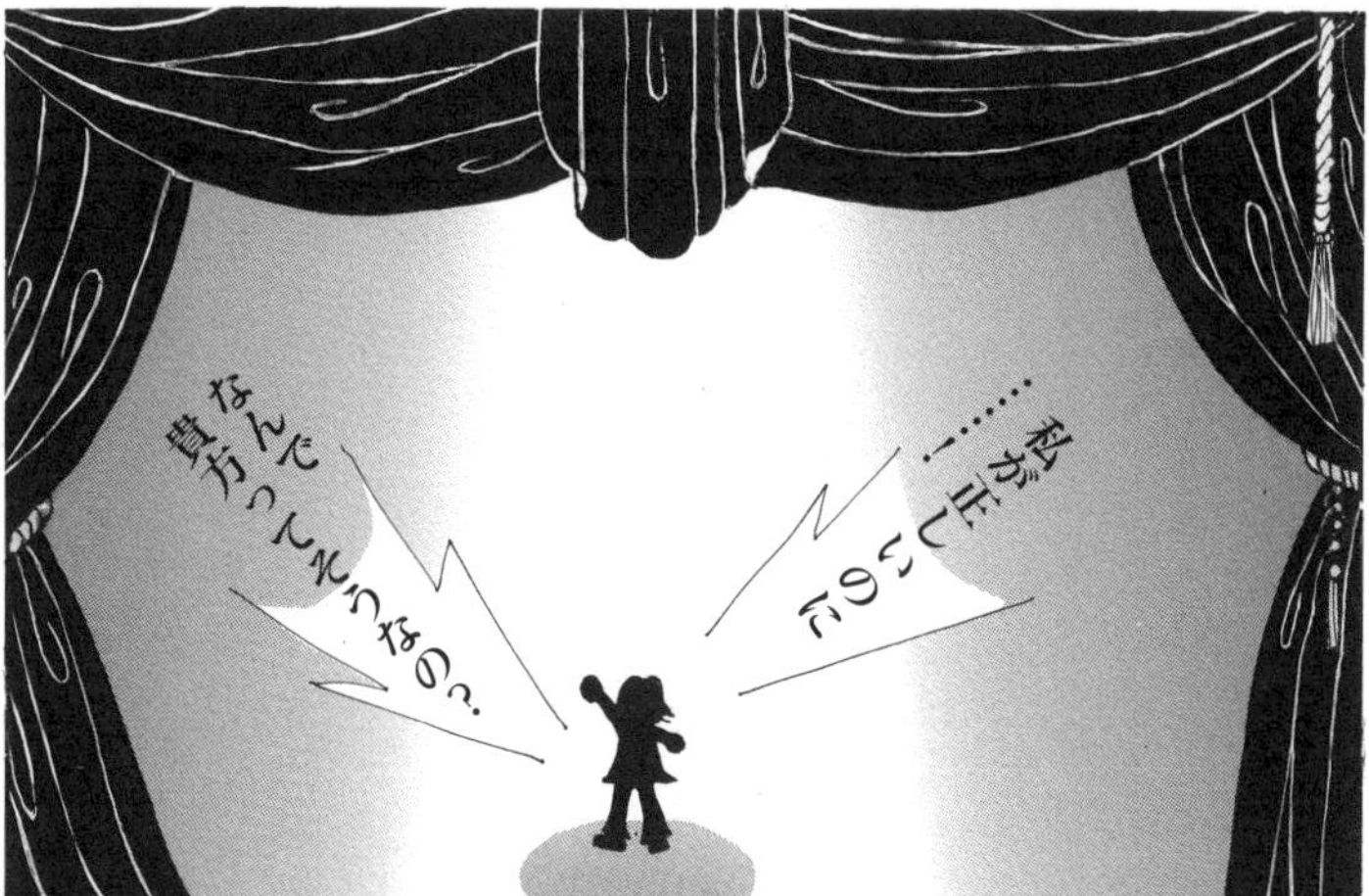

貴方の怒りの劇場には実は貴方しかいない

引きこもりはエネルギーが余っている

今や引きこもりは日本全体の問題ですが、原因の1つには日本の学校や社会が「周囲の皆と仲よくしなさい」という、とうてい不可能なことをそうあるべきと教えてしまうことです。

まわりとうまくやれない自分が悪いと認知間違いをしてしまうと、自分を責め、まわりの人間が怖くなります。それが引きこもるきっかけになります。思春期のある時期で終われればよいのですが、長期化してしまうことがあります。原因は、エネルギー余りの状態を作ってしまうからなのです。

親は子どもを心配して部屋の前に食事を置くなどし、3食しっかり食べさせようとします。3食をとれば身体がその分のエネルギーを作り出しますが、自分の部屋から一歩も出ないのですから、取り込んだエネルギーは全く消費されません。

では、余ってしまった3食分のエネルギーはどこにいくのか？　身体がエネルギーを使ってくれないから、身体と相関関係にある心が余ったエネルギーを消費してつじつまを合わせようとします。

人間の喜怒哀楽の中で人間を一番疲れさせる精神活動は、不安や恐れを持つことです。身体が取り込んだエネルギーを消費してくれないので、代わりに心が大量の不安や恐れを持つことで、余ったエネルギーを消費します。

事実、エネルギー余りになっている引きこもりの子どもは何もしていないのに、皆心がひどく疲れています、そして大量に生まれた不安や恐れがまた一層、外の世界に出る勇気をくじいてしまうのです。

引きこもりを長期化させないためには、親御さんは「食事を大量に与え過ぎない」「室内でも運動できる環境を作る」「引きこもりが長期化する前に本人が楽しんでやれる運動を積極的にやらせるとよい」ということを知っておいてほしいと思います。

自己中な人ほど傷つきやすい!?

私はHSPという言葉に関して、危惧することがあります。今の風潮では「私はHSPだ！」と主張する人が多すぎるのです。

基本的に、人は自分の痛みしかわかりません。だから、自分ほど、傷つきやすい人間はいないと思いがちです。

そして実は、自己中心的な人ほど、何にでも傷つくという事実もあります。自己中な人ほど、自分が気分を害されたことが何より重要なのです。決して相手の立場や気持ちを慮らないからです。

10年ほど前に数秘カウンセリングに来られた女性Aさんは、過去に3回婚約を破棄したことがあります。理由は、「私、人一倍繊細だから」ということでした。

1人目の男性は「最初はよい人だと思ってつき合ったのに、男って絶対あとでメッキが剝がれてくるものなんですね。私の実家の仕事をバカにしたんですよ。だからこんな人と結婚したらいけないと思って……」

私は「どんなふうに言われたんですか？」と尋ねました。

「君の家は農家だろう、って言われたんです」

「……それで？　そのあとは？」

「そのあとはありません！　バカにしてますよ！　だからデートの途中で帰りました！」

「え？　野菜を安く売ってくれって話だったかもしれないのに？」

あとの2人の婚約破棄も「私をバカにした！」という理由からだったのですが、Aさんの元婚約者がたまたま3人全員ひどい男だった、ということではありません。

私からすると「それって個人批判ですか？　全く悪意のないただの感想だったのでは？」と思うようなことでした。農家というお仕事に、本当にプライドを持てていなかったのは、実はAさん自身だったのですね。

実はAさん自身が自分にOKを出せていない、**「どうせ私なんか」の呪い**にかかっていました。だから、他人の悪意のない言葉に傷つき、相手にもOKを出せなかったのです。

相手の立場に立とうとせず、自己評価の低さゆえに勝手に傷つき、自分を被害者に、相手を加害者にしてしまう。それを無意識に何度も繰り返していました。

そこで、「自分の潜在意識の領域で勝手に動いていた、『どうせ私なんて』のプログラムを数秘カウンセリングの中で気づき、顕在意識の領域に引っ張り出せば、あとは貴方の顕在意識の意思の力でプログラムを変えられますよ」と、Aさんにお伝えしました。

「……実は私、会社の人間関係でも敵と味方をはっきり分けすぎて、トラブルが多くて……心療内科の先生に愛着障害が原因かもしれないって言われたことがあります」

「そうなんですね……その後はどうされたんですか？」

「障害だなんてなんて失礼な！って思ったので、2度と行きませんでした」

「あ、そこでも一定のパターンが出てきちゃったんですね」

「……そうか、そう言われるとそうですね……あのとき、ちゃんと向かい合っていたら、極端な人間関係で悩まない人になっていたんでしょうか？　今頃結婚もできていたり？」

「まだ、親を乗り越える準備ができていなかっただけかもしれません。私も家庭に安心を持てない愛着障害の典型的なアダルトチルドレンだったのでわかります。

たいていの場合、親が特別悪かったわけではなくて、ただ未熟だったというだけなので、親の未熟さを許して乗り越えればよいと思います。自分もいずれ、未熟な母親になるかもしれないからです」

その後、Aさんとのおつき合いは2年に渡りました。

愛着障害とは、主に乳幼児期に親など育ててくれる人に対して愛着を形成することがかなわず、情緒や対人関係が安定しないことをいいます。高度成長期以降の日本の家庭のほとんどの子どもは、愛着障害があってあたりまえだと思います。「子どもの喜怒哀楽をすべて完全に受けとめてあげました」なんていう余裕のある子育てができた母親は少なかったはずだからです。

親に安心感を感じられず大人になった子どもは、赤の他人である恋人や伴侶なんて、もっと安心できなくてあたりまえですから、相手の気持ちを過剰に確かめるために、無意識的にお試し行動をします。

嫌われたくないはずの相手に、わざと無理難題をふっかけて嫌われるようにしたり、「私と仕事どっちが大事なの？」「私とあの人どっちが大事なの？」と相手を追い詰めて、重いと思われたり……。

安心したくて相手を試していることが結局相手にとって重荷になり、結果的に距離を置かれる。大人になってからの問題行動に結びついてしまう原因が、実は幼年期の愛着障害にあった、ということは多いのです。

困ったことにこれらの行動は、すべて無意識に行われる問題行動です。意識的に自分が制御できる意識の領域に引き上げ、向かい合うしか解決法はありません。

Aさんとの2年に渡るセッションで、彼女は「親の未熟さを乗り越えること」「無意識的に相手を試そう、裁こう、とする問題行動に、意識的に気づく」ということを体験しました。

3度の婚約破棄を過去のものとして結婚され、今や元気な男の子の母親です。「お陰で私も未熟な私のまま人の親になる覚悟が持てました」と言ってくれた彼女は、今では少々のことでは動じない肝っ玉母さんです。

第4章

天とつながる!?
バリ島で出会った
超スピリチュアルな
人々

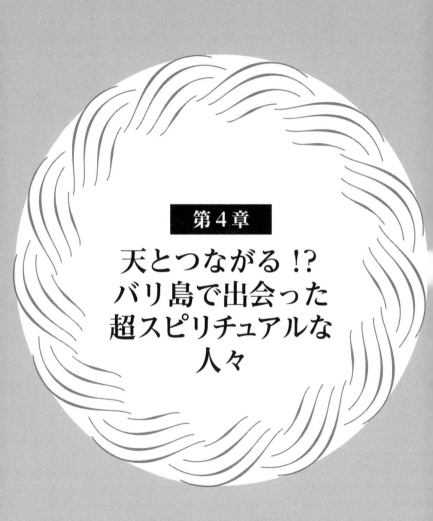

カルマは今この瞬間も作られている

インドの聖典『ウパニシャド』に「カルマ」というものの解説が書かれています。サンスクリット語のカルマの訳は行為や仕事、仏教用語では業《ごう》です。カルマには、3つの種類があります。

サンチッタ・カルマは、今までの生の蓄積された行為の結果です。まだ受け取っていない(現象化してない)、蓄積されたカルマ。

プララブダ・カルマは、今の人生で受け取っている行為の結果です。今生で、今受け取って体験しているカルマ。

アーガーミ・カルマは、未来に持ち越される行為の結果です。今生では現象化せず、いつになるかはわからないが、来世で受けるカルマ。

さらにこの3つのカルマは、それぞれプンニャカルマ（善性）とパーパカルマ（悪性）の2種類に属します。もともとこの世界は自分が作ったものではありません。だから、次のようなことはたくさん起きます。

- **自分にとって都合の悪いことが起きる**
- **悪口を言われる**
- **嫌われる**
- **攻撃される**
- **裏切られる**

そもそも、未熟で不完全な人間世界ではよくあることで、これらの自分にとって都合の悪いことをゼロにすることはできません。なので、それに気がつかないと何度も職場を変えたり、何人もの人と恋愛と破局を繰り返したりすることになります。

今までに1万人超の方の数秘カウンセリングをしてきました。その中で、幸せをつかみやすい人と幸せをつかみにくい人とでは、ある特定の傾向の違いがあることを実感しています。

幸せをつかみやすい人は、過去に起きた自分にとって都合の悪いことを、「あの人にこんなふうに悪口を言われた」「こんなふうに裏切られた」と、長く恨みに思いません。

自分や悪口を言った人の未熟さを受け入れ、その体験によって自分がどう成長しなければならないか、と自分の思考の方向を変えていきます。

幸せをつかみにくい人は、自分の怒りや悲しみを、何度も何度も繰り返します。一度誰かに愚痴って気が済むということがなく、何時間でも、誰彼かまわず、自分の怒りや恨みを反復し、この感情を長期間味わい続けます。

インド哲学でいう「今、この一瞬がカルマを作る」という考え方は、心理学では、今この瞬間に自分が味わっている感情や自律神経の動きは、必ず自分の潜在意識に貯蔵されると考えます。

潜在意識は、自分の無意識的な行動の80％ほどを制御します。怒りや恨みや愚痴という冷たく激しい感情を貯蔵し続けると、無意識層が制御する自律神経ホルモンの分泌量や免疫力などを、確実に低下させてしまうのです。

さらに人間の無意識層は、強くインプットした感情を繰り返し感じようとする傾向があります。強い怒り、恨みは、次の怒りや恨みを強く感じさせられる出来事を無意識的に呼び込んでしまうのです。自分が自分の心（主に無意識層）に貯蔵し続けたカルマは、必ず現在の自分、もしくは未来の自分に還ってきてしまいます（それがいつになるのかは、宇宙の采配によります）。

たとえば私自身も61年も生き続けていれば、人に嫌われることも、人に裏切られることも当然あるわけです。それは、お互いに未熟で不完全な人間同士なんだからあたりまえだよね、と思います。恨み続けることが、今、自分がやるべきことよりも重要だとは、とうてい思えません。

自分を必要以上に人間関係の被害者にすることがないのは、自分が勉強してきたインド哲学や心理学が幸い役立っています。「自分の人生に何が起きたか?」よりも、「自分の人生に起きたことをどうとらえるか」が、自分の魂のレベルや霊格を確認する機会になると思います。

私はかつて臨死体験をしたとき、あの世の成り立ちを見てきた体験があります。この世界のシステムとあの世のシステムは違います。

あの世は想念というエネルギーが瞬時に実体化するのですが、この世はエネルギーの実体化に「宇宙の采配」によるタイムラグがあります。加えて、悪意を宇宙に貯金し続けたら、ラッキーやハッピーが引き出されるというルールはありません。悪意や恨み、後悔を素粒子空間に放出し続けることは、さらなるアンラッキーな出来事を3次元に実現させます。

バリ島は超常現象の宝庫だった！運命を変えたバリ暮らし

１９６３年にバリ島の聖地アグン山が大噴火しました。当時のスカルノ大統領は政治的な意図で、１００年に1度のアグン山の排邪の儀式「エカダサ・ルドラ」の日程を決定しました。それに対してバリ島最高位のお寺ブサキ寺院の高僧達は「その日ではダメだ」と猛反対したのです。

しかしながら、インドネシア政府の決定は揺らがず、まさに儀式が始められたその日に、アグン山の大噴火が起きました。この大噴火を「神の怒りだ」と感じたバリ人は避難することなく、火砕流にのまれた人々も多くいたため、１０００人を超える死者を出す大災害になりました。これはなんと、約60年ほど前の出来事です。

多くの日本人は、バリ島には「神々の島」「トロピカル・アイランド」「エステ天国」などのイメージがあると思います。しかし、多くのバリのスタッフ、友人、知人とのつき合いの中で見えてきたのは、「外国人に友好的で平和的なバリ人」ではない「抑圧の強いバリ人」の陰の部分です。

バリ人は日本人社会以上に、共同体に依存して生きています。なので、他人より目立ったり、他人より出世したりすることを嫌います。そして本音はどうであれ、表面的には共同体の全員と穏やかにうまくつき合うことを要求される社会なのです。

実はバリには、「日常にブラック・マジックがあふれる呪術大国」という実態があります。バリ人の呪術合戦を、私はたいへんおもしろく感じています。だから、バックパッカーにはつらい、物価高の高級リゾート地になってしまった今も、バリ島通いがやめられないのです。

私とバリ島とのつき合いはかれこれ40年……。この本の出版にあたって、昔むかーしのバリ島不思議議話を思い出しました。

バリ人は、大きなことが起こる前に空に予兆が現れるとよくいいます。2002年のクタの爆破テロが起きる数か月前に、ブサキ寺院の高位の僧侶が「ブサキの上空に火の曼荼羅《まんだら》を見た」という噂がバリに広がりました。

当時、私もその噂話の記事を、yahoo 掲示板バリ島スレッドで読んでいました。バリ人の多くが、集まるたびに「火の曼荼羅は吉兆か凶兆か」と、その話題で持ちきりになっていたそうです。火の曼荼羅の噂がバリ中に広がった同時期、バリ在住だった有名な超能力者の日本人男性がやはりバリでテロが起こる数か月前、ブサキ寺院で空が丸く溶けたような1枚の不思議写真を念写していたのです。

2002年10月12日にクタの繁華街で起きた爆破テロは、地面をえぐるほどの爆発でした。その大きな爆発を上空から見下ろしたら火の曼荼羅のように見えたと思います。

その写真を私も見せていただきましたが、丸い空の一部が高熱で溶けたように写っていました。彼は超能力者ゆえに、予知するつもりもないのに近い未来に起こるクタのテロの、丸く溶けた空を念写してしまったのだと思います。

そしてそのバリのテロの余波は、当時音楽プロモーターとして仕事をしていた私が現地コーディネーターとしてお手伝いしていたダイヤモンド・ユカイ氏の、「バリ島ハードロックカフェライブ兼ファンクラブツアー」のキャンセルという大きな痛手にもつながってしまいました。ツアーはキャンセルになったとはいえ、事後処理のために、私はテロ直後のバリを訪れないとなりませんでした。

クタの街中はあたり一面がれきの山で、地面は深くえぐれていて、爆破の規模の大きさに強い衝撃を受けました。

気前よくライブのポスターやチラシを置いてくれたツーリスト・インフォメーションのスタッフ達や「日本のロックが好きだから行くよ」と言ってくれたクラブのスタッフ達の笑顔が思い出され、しばらく爆心地に立ち尽くしていました。

すると、見渡す限りのがれきの山の中、神様を守る石の祠が1つだけ。崩れずに立っていたのです。爆心地の中でそこだけ何かに守られていたかのように！「ミラクルだ！」と白人ツーリストが興奮しながら写真を撮り始めました。「え？　なぜこんなことが？」と私もあぜんとしながら、バリのスタッフに問いかけたところ、彼から超冷静な返事が返ってきました。

「なぜ？　神様がいるところが守られるのはあたりまえじゃないですか」。

この祠の画像は当時バリ島内で発行されていたＨＩＳのバリ情報新聞のトップページを飾ったと聞きました。バリ人は日本人と国民性が似ていて、「人前で感情的になることは恥ずべきこと」「まわりと足並みを合わせるべき」「村人皆で仲よく平和に」と考える平和主義の人が多いです。

ですが、長くつき合うほどに、彼らの生活の中では彼らの生きる指針は日本人とは大きく違う、ということを感じます。

「仕事とは儀式と儀式の隙間時間に行うもの、より大事なのは宗教儀式」「神様にまつわる奇跡は、どんな不思議現象が起きてもあたりまえのこと」「バリ人は表面的にはすべての家族・同僚・村人と仲よくつき合わなければならない、だからブラック・マジックで恨みや怒りを晴らすことは必要悪」

彼らは表に出せない怒りや恨み、抑圧された鬱憤をバリ島名物ブラック・マジックで晴らします。呪いをかけるブラック・マジック専門のバリアン（バリの伝統呪術師）や、ブラック・マジックを解くホワイトマジックのバリアンもいます。

過去40年に渡る、多くのバリアン達とのつき合いの中で起きた不可思議現象だけでもさらにもう1冊本ができてしまうほどです。ここでは特に心に残ったバリのスピリチュアルな人々のことを書いていきます。

バリ島のスピリチュアルパーソン7選

「バリ島で最強といわれる呪術師マンクー・テジョー」

日本で出版されるあらゆるバリ島関係の書籍の中で特に印象に残ったのが中島らもの『水に似た感情』と吉本ばななの『マリカのソファー』でした。中島らもの本の中に「マンクー・テジョー」という有名な呪術師が出てきます。

この方はバリ人なら誰でも知っている超有名な呪術師で、ホワイト・マジックもできますが、どちらかというと強力なブラック・マジックの使い手として知られている方です。ブラック・マジックがあまりにも有名なので、大方のバリ人は彼に近づこうとはしません。それでも中島らもの本を読んで、そのマジックの強力さに「不思議ハンター」の血が騒いだ私は、どうしてもテジョー師に会いたい！と思うようになりました。

しかし人一倍信仰深いスピリチュアルガイドのワヤンは「どんなに頼まれても怖いから行きたくない！」と言い張ります。そこで私は当時同じ宿で知り合いになった大学教授の同好の士、スピリチュアルオタクのイギリス人リーオンを巻き込んで、2人がかりでワヤンを説得しました。

「もともとはマンクー（僧侶）なのだから、会ったばかりの人にマジックなんかかけないはず」だのなんだのと、次々に言葉を繰り出してはワヤンの返答を封じます。結果、本当に渋々とではありますが、私とリーオンとワヤンでマンクー・テジョー師の家に向かうことができました。


道中、いろいろな話をしましたが、当事の私はまだバリで仕事をしていたわけではなく、旅行者なら英語で充分と思っていたので、インドネシア語は全く勉強していませんでした。スピリチュアルオタク・リーオンと宗教オタク・ワヤンが英語でバリ島スピリチュアル談義をしているのを、たまに口を挟みながら聞いていました。

バンリに入ってしばらくした頃にワヤンが英語で言いました。「ユミコはこれから何度もバリに来るのだから、そろそろインドネシア語を勉強するべきだ」。

それを聞いて、私は実際タイ語や中国語に比べたらインドネシア語は簡単だ、と思っていたので「今はまだ全然勉強してないけど、勉強したらしゃべれるよ！　大丈夫！」と言いきったのです。

実際はその時点では「こんにちは」の挨拶すら理解してないのに、気分だけは「インドネシア語簡単だから大丈夫！」という気持ちになっていました。

その会話の直後、車は止まりました。私が一番先に嬉々としてテジョー師の家の大きな割れ門をくぐると、そのすぐ先の庭に小さな白装束のおじいちゃんが1人でこっちを向いて立っていました。

後ろ手を組んで門のほうを真っすぐ向いて立っていた白装束の老人がマンクー・テジョーその人でした。まるで突然の来訪者の到来を知っていたかのように、驚きもせずニコニコしながら話しかけてくるので、逆に私のほうがビックリしました。

話しかけてくれる言葉がわからなかったのでワヤンに通訳を頼むと「テジョー師は『おや、お前はインドネシア語がわかるんだね？』と聞いている」というのです！　まるで先ほどの車中での私たちの会話を聞いていたかのように、もしくは私の（実際にはしゃべれないが勉強すれば大丈夫という）心中を読んだのでしょうか？

当事の私はバリにいる長期滞在者のように肌が黒くもなく、地元民のような格好をするでもなく、どう見ても派手なエスニック・ファッションの短期旅行者という格好だったのにも関わらず、なぜテジョー師はそんなことを言い出したのでしょう？　本当に不思議でした。

ムラジャン（家寺）でのテジョー師はニコニコした人懐こい顔から急に妖気漂う呪術師の顔になり、バリ人を恐れさせるマジックの強力さを感じさせました。リーオンの占いでは本人しか知らないことを言い当てたそうです。リーオンいわく「彼はすごい……。すごいけれど、怖い」と、あとで言っていました。

そのときに私が言われたことは、「この先、今まで以上にバリにひんぱんに来ることになる。カルマがそうなっている」「貴方は前世がヒンドゥーだからヒンドゥーの神に祈りなさい。多くのスピリットが護っているようだから、本気でやりたいことはかなえられるだろう」ということでした。

実は、私は前世にヒンドゥー教徒だったという記憶を持っています。しかしこのことは、彼に一言も伝えていません。

よりひんぱんにバリに来ることになる。それは、イブ・ジュローという別のバリアンのおばあちゃんにも言われていたことで、実際にそうなりました。今では仕事柄、3カ月に1度のペースでバリに行くことがあたりまえになっています。

その一件以来、私はマンクー・テジョー師には会っていません。ワヤンが「もう誰にどんなに頼まれても絶対2度と行かない!」と言いきったこともありますが、私自身がリーオンと同じように感じたことが原因です。

「彼はすごい……すごいけれど怖い……」と。


呪術師は人を癒したり、霊的なアドバイスをしてくれたりします。けれど人を癒す力を持つ人は、同時に人を呪うこともできるのです。

呪術の光と闇、テジョー師の瞳には誰よりも深い闇を覗いて来た人間の持つすごみがありました。これは私が20年前に、初めてバリの闇の部分の怖さを実感したお話です。

バリ島のスピリチュアルパーソン7選

「奇跡が起こる館の女主人イブ・ダユ」

そしてもう1人、バリ島スピリチュアル界の有名人、イブ・ダユの、奇跡が起こる館の出来事です。商業の街であるデンパサールは大きな市場を有する雑然とした商業地帯です。一歩小道を入ると、モスクはあるわ、ヒンドゥー寺院はあるわ、仏教徒の寺はあるわで、さまざまな神様がひしめき合っている庶民のエリアです。

こんな神様の激戦区にあるイブ・ダユの館の2階で、ヒンドゥーの神様の奇跡が起こったのです！　神様やインドの聖者サイババの写真、石像などから「聖なる灰ビヴーティ」はどっさり出るし、「聖なる蜜アムリタ」もたっぷり滴り落ちる！

これらは、死ぬほど敬虔《けいけん》なヒンドゥー教徒であるイブ・ダユ本人の力と、神秘的なパワーが混ざって、現実世界にこんな現象を起こすのだろうと思いました。イブ・ダユはとっくの昔に学校の先生を引退し、祈りの生活に入った女性です。旦那さんも働いていないので、一家の収入は、館に礼拝に訪れる参拝者たちからのお布施《ふせ》のみです。

私は外国人ということもあって、お布施の額は奮発して500円くらいでしたが、バリ人の参拝者たちは自分の家で取れた野菜やお米のみ！　本当にお金に余裕のある一部の人が200円程度を出すくらいです（現在は不明ですが、もっと上がっているはずです）。

ところがイブ・ダユが、インドに行ってサイババに会ってきたというのです。しかもサイババ本人に直接「私の家のアシュラム（集会所）をもっと大きい建物にしたいけれど、それを実行しても大丈夫でしょうか？」と聞いたところ、サイババは喜んで「より大きなアシュラムを作りなさい。もっと多くのバリの人々が来られるように」と答えてくれたそうです（特大証拠写真パネルが神殿にあり）。

不思議なのは、仕事をしていないイブ・ダユがどうやってインド行きの航空券（高額）を買えたのか？　そして今、デンパサールに建設中の、大きな神殿を建てる資金は一体どこから入ったのか（いくらバリでも数千万はかかるはず）？ということです。

私のそんな素朴な疑問に対して、イブ・ダユや運転手ワヤンを含む何人かのバリ人の答えは**「祈っていたら、祭壇からお金が湧き出てきた」**というのですよ！　「いやいやいやいや……ないない。いくらバリでもそれはない！」という私に、バリ人は全員超真面目な顔で「本当だ！」というのです！

最初は信者数十人での祈りのあとに、祭壇の奥にお金のような紙切れがあった、らしいのです。都市部のデンパサールとはいえ、観光業とはほど遠いエリアに住むイブ・ダユは、それを見て「これは子どもが使うおもちゃのお金だ。それでも何か神聖な意味があるかもしれないから大事に保管しておこう」と言ったそうです。

神聖かもしれない紙切れをその場にいた信者全員で見ていたら、観光地で仕事をしているとある男性信者が、「これはユーロだ！　本物のお金だ！」と気づいたそうです。イブ・ダユは、ドルは見たことがあるけれども、ユーロというお札は初めて見たので、そのお札にどんな価値があるのか全然わからなかったそうです。

その後、一定のタイミングでユーロやドルのお札がどんどん祭壇から出てきました。イブ・ダユは「これはインドに行ってサイババに会えということだ」と思い立ち、インドへ！イブ・ダユの館の奇跡をたびたびその眼で目撃しているワヤンに、「どうしてユーロ？どうしてルピア（インドネシアの通貨単位）じゃなかったの？」と聞きました。すると、「さあ？　ルピアは安いからじゃないですか（笑）？　神様がやることは私達が考えてもわからないですよ」と全くバリ人らしい答えが返ってきました。

その後大きく立派になった新しいデンパサールのイブ・ダユの館が、大理石3階建ての豪華神殿になったという噂を聞きました。イブ・ダユが祈祷するたびに大量の現金が物質化していたという話は本当なのでしょうか？

バリ人の信者からのお布施だけで、あんなに大きな神殿を建てられるはずはありません。数千万単位のお金がどこかから湧いてきた、としか考えられません。そしてなぜかその神殿を撮影しようとしたらカメラが壊れました……。

私が行った日はその神殿で特別なプージャ（インド式の儀式）を行っていて、1000人近くのバリ人がぎっしり座っていました。1000人の祈りの力は、確かにそこにないはずのものを物質化できるだけのパワーがあるのでしょう。

すっかり生き神として遠い存在になってしまったと思ったイブ・ダユが、「ユミコよく来た。この特別な日にたった1人の外国人だ。来てくれてありがとう」と声をかけてくれました。ここで祈ったことは現実化するという口コミで、いつもバリ人で賑わっているそうです。

「ウブドのスパ・スクール校長ＴＲＩ《トリ》先生」

そしてもう1人、私の知るバリ在住のスピリチュアルパーソンは、ウブドのスパ・スクール「Menari-nari《ムナリナリ》」の校長ＴＲＩ先生。

ここの校長のＴＲＩ先生は日本でレイキと指圧を習い、イギリスでアロマテラピーを習い、インドでアーユルヴェーダを習った国際人です。ある日、ＴＲＩ校長の口から驚きの事実が飛び出したので、ぜひこの話を聞いてください。

ＴＲＩ先生は奥様が日本人ということもあって、何度か来日しています。だから日本人が合理的で先進的、教育が行き届いていることを十分に知っているので、今まで言えなかったそうなのですが、私にこう話してくれました。

「ユミコは本当にスピリチュアルな人だから言うね。でももし僕の話が信じられなくても問題ないよ。実はジャカルタのうちの家族は皆スピリットが見えるという家系なんだ。あ、でも兄さんは全然そういう特徴はない人だけどね。特にすごいのはうちのお母さんで、よく人助けをしているよ。

母親は幼い頃から周囲にドゥクン（ジャワの呪術師）になるしかない、といわれていたけれど、普通に幸せになりたかったから結婚して母親になった。僕もこの間うちのスタッフで死んだはずのスピリットをつけている子がいたから、スピリットに消えてもらったよ。バリで見たあるスピリットに『お前の母親を知っている』といわれたよ。母はスピリット達の間では有名人らしい。信じなくてもいいよ。

僕の奥さんもすごいリアリストで最初は信じていなかった。ただ母が僕の奥さんの事故を予言したことがあって、それからは奥さんは『貴方の家族は変！』といっている（笑）。

僕も東京や京都でよく古いスピリットを見た。**東京のスピリットは死んでいるのに怒っている人が多かった**」

これまでインテリのエリートだと思っていたＴＲＩ先生は、たいへんにスピリチュアルな人だったのです、ウブドでスパ・スクールに通いたい方にはムナリナリをおすすめします。すべてにおいてアットホームなスクールです。

バリ島のスピリチュアルパーソン7選

「ウブド郊外の90歳のおじいちゃん呪術師」

すでにお亡くなりになってしまった、ウブドの辺鄙《へんぴ》な村に住む90歳のバリアンのおじいちゃんの話があります。

ウブドの友達が「このバリアンは本物だから、絶対にこの人のことは他のバリ人には内緒にするように」という条件でおじいちゃんの家に連れて行ってもらいました。

観光地からはだいぶ遠い辺鄙な村の小さな家に住む90歳のバリアンのおじいちゃんには、私が日本で店を持っているということも一言も話していないにも関わらず、「貴方はよい仕事をしているね、ビジネスはとてもいいよ」と言い、前日に私からレイキを受けた同行した友達に「最近、大きな力が入ったね」と言い当てたのです。

これだけでも私は心底ビックリしていたのですが、さらに驚くべきことがありました。

私のバリ人の友達とおじいちゃんが、バリ語で何やら深刻な話をしていました。

バリ語なので内容が全然わからないのですが、その表情にただごとではないものを感じた私は「(同行した友達の)彼女には言わないから、何があったのか、私に簡単なインドネシア語で説明してくれ」と言いました。すると、「彼女はブラック・マジックにかかっている。これを解くにはサンスクリット語のマントラを唱えないといけないが、日本人にサンスクリットの発音は難しい。治せないならこの話は彼女に教えるべきではない」と言うのです。

都合の悪いことを隠すのはバリ人の習性ですが、日本人の私からしたら「そんな大事なことを隠してるほうがマズイだろ！」と思ったので、彼女の身に何が起きているのか聞いてみました。

「彼女の右側の手のひらに、バリ語で『こっちに来い』と書いてある」と言うのです。「こっちに来い」という言葉の意味に、一瞬本気でゾッとしました。

私は動揺を隠しながら頭の中で、「誰が彼女の右手に触ったのか？　たった5日のバリ滞在の間に、誰が彼女にブラック・マジックをかけたのか？　少なくとも私が一緒にいた間は、そんな隙はなかったはずなのに」といろいろ考えました。

「こっちに来い」という言葉の意味は、精神的コントロールです。誰がなんの目的で彼女をコントロールしようとしているのか、考えても考えてもわかりませんでした。

バリ人の友達いわく「たいていの日本人は、精神的プロテクトが弱いからマジックにかかるのは簡単だ。ユミコの友達は特に今、悩みで心が弱っているから、右手を触っただけでマジックが入った。ユミコが一緒にいれば防げたはずなのに」と言います。

「いや、少なくとも私が一緒にいた間は彼女に触ったバリ人はなかった。いつマジックが入ったのか全然わからない！」と返しました。結局その日の夜に帰国する彼女に「こんな怖い事実は言えない。ただ怖がらせるだけなら言わないほうがよい」という結論になり、バリではとうとう私は彼女にそれを告げられませんでした。

でも、よーく考えたら、彼女は今夜飛行機に乗る。ということは今夜には海を越えるので、ブラック・マジックは消えるんです。バリ島のマジックは海を越えたら無効なので、安心した私は日本に帰ってからお店に来た彼女にその事実を告げました。

話を聞いた彼女は、「わかった！　あの男だ！　実は私、ユミコさんがいない間にバリ人？ジャワ人？の男の子に話しかけられて、握手をされてしまったんです。確かに右手です！」

その男はバリ島の中級宿によくいるジゴロってヤツなんですね。私達が泊まっていたウブドの宿に、そのジゴロの契約相手の白人女性が泊まっていたようです。それで毎日レストランにいたバリ男が、日本人女性にもちょっかいを出してきたというわけです。

プロのジゴロになると、ブラック・マジックを使って日本人女性から大金を巻き上げる男も山ほどいます。マジックにかかった女性は呪術師のところにでも行かないと、マジックにかかってコントロールされているとはわからないので、「純粋な恋愛だ」と信じてジゴロと結婚し、全財産を巻上げられてしまうのです。そのような日本人は後を絶ちません。

バリはアジアの中でも特に治安のよい島ですが、信じてはいけない人を信じてしまうことで、大きなトラブルに見舞われることがあります。日本人は女性に限らず、精神的プロテクトが弱く、人を信じやすいので簡単にマジックにかかります。それを彼らはよく知っているのです。

ブラック・マジックはタバコの煙や食べ物に仕込まれている場合もあります。一見フレンドリーに近ついて来る人にはご用心！

バリ島のスピリチュアルパーソン7選

「バンリのおばあちゃん呪術師イブ・ジュロー」

まだウブドのモンキーフォレスト通りに「日本人向け情報センターＡＰＡ」があった時代のことです。昔ながらのバリアンが多い土地バンリに、バリ島の神秘を体験したい日本人が数多く訪れました。そこで有名だったのが、イブ・ジュローおばあちゃんです。高齢なバリ女性にしては珍しくタバコを手離さず、霊視の際もずっとプカプカ吸い続けていたイブ・ジュローは、「これが集中力の元なんだよ。笑」と言っていました。私が初めて会った15年前より霊視の精度は年々落ちている……という感じがありました。それでも有名バリアンだった名残で、ときどきビックリするほど冴えた霊視をすることがありました。

日本から何十人もお客様をバリにアテンドしていたある日、ジュローおばちゃんの家に響き渡った「えぇぇーーー!?　なんでわかったのおおおーーーー!?」という友達の絶叫に「さすが長老!」と思いました。

私の友達は初バリ島、初バリアンで仕事の悩みを相談していたはずが、ジュローおばちゃんが「A子、お前は……男が3人いるね」と、突然笑い出して言い当てたそうなんです。実は私も知りませんでした。

その後、仕事の相談よりもディープな恋愛相談になって、30分の持ち時間が終了してしまいました。「30分じゃ全然足りないよう！　またバリに来る！」と言っていましたが、残念ながらジュローおばちゃんは、その後ほどなくして亡くなりました。

多くの日本人旅行者に愛されたチャーミングなジュローおばちゃんのご冥福をお祈りします。

バリ島ウブドの田園風景

バリ島のスピリチュアルパーソン7選

「サイババ系呪術師バンリのアユ」

バリ島の中でもマジックが強力な場所といわれるバンリは、多くのバリアンを輩出している土地です。過去40年バリ人に混じって多くの儀式に参加してきましたが、特にバンリの呪術的儀式の激しさには圧倒されました。

15年経った今も忘れられないのは、バンリのすべての主要道路を封鎖した地元の「死者のためのトランスの儀式」です、日本ではすべての国道や主要道路を宗教儀式のために封鎖するという状況が、まず理解不能だと思います。仕事や娯楽よりもまず宗教儀式が重要と考える「神様狂いのバリ人の血」はそれをやってしまうんですね。

夕刻から村中のバリ人が集まって祈りの音楽を奏でながら、数千人の行列が町外れの墓地に移動します。その後夜中までかけて儀式が行われ、スピリットが墓地に降りて来たタイミングで、多くのバリ人のトランス状態が始まります。

叫ぶ者、泣く者、奇妙な踊りを踊る者、異言をしゃべり出す者……真夜中の墓地は、もうカオスな世界です。この真夜中の阿鼻叫喚の場に、村中の老若男女、それこそ2・3歳の子ども達も問答無用で強制参加させられます。小さいときからのあたりまえの光景ですから、当然**バリ人にはもれなく神様狂いの血が流れている**わけです。

ふと気がつくと、墓地の中心に2人の高齢のバリ人男性が、木のベッドに横たわっています。この2人は「依り代」でこの世に降りるスピリットの入れ物として準備されているそうです。

何年か前にあまりにも強いスピリットが入ってしまい、依り代が死んでしまうことがあったらしく、「それ以来『依り代役』は高齢の男性になったんだ」と聞いてあぜんとしました。「いやいや……死者が出たなら儀式を中止しましょうよ！」と思ったのは、私にバリ人の血が流れていないからですね。

そんなスピリチュアルなバリ島でも特に信仰深いといわれるバンリの土地に、若いサイババ系のバリアンが誕生したのも必然だったと思います。バンリのアユは多くの日本人旅行者がお世話になったバリアンツアーガイドのワヤンの奥様です。もともとワヤンの菜食主義もアユの影響ですから男尊女卑のバリにしては珍しく、奥さんのほうが立場が強いという夫婦です。

自分の村から出たことがないという保守的な生き方が多いバリ女性にしては、アユは稀な女性で、自らインドに行って修業したという呪術師です。ブラック・マジックの解除や、亡くなった人からのメッセージの受け取り、お祓いの儀式のパワーはすごいものがあります。

バリ島のウルン・ダヌ・ブラタ寺院

第5章

「宇宙のルール」に従って生きるツール

占いや数秘カウンセリングをアドバイスの手段に

天（宇宙のルール）は、「親子といえど他人のカルマを盗む」ことをよしとしません。子どもの問題を肩代わりしてしまう親、他人を洗脳することや他人に依存すること、虐待やグルーミングなどで他人のカルマに干渉することはその先によいことを呼ばないのです。

なので私は、**他人のカルマに干渉せず、クライアントを依存させることなく、困難な状況にある人にアドバイスをするために、占いやカウンセリングという手段を用いよう**と思いました。

私の経営するショップでは、数秘術やレイキ、ヒプノセラピーなど用いたカウンセリングを行っていきます。それぞれ次のような特徴を持ちます。

数秘術

生年月日やサイコロの目などの数字を用いる占いを数秘術といいます。**古代から、的中**

率が高い運命解読法として用いられてきました。

ピタゴラスやプラトンが用い、ユダヤ神秘主義思想のカバラとして世界に広がっています。世界の富の80％を独占する大財閥はユダヤ系企業が多く、ユダヤ人のビジネスが成功する秘密も数秘術の活用にあるといわれます。

レイキ

もともとは臼《うす》井《い》甕男《みかお》氏が始めた日本発祥の手当て療法です。現在、欧米などでは補完、代替医療として広く認知されています。

世界の多くの医療機関で注目されているレイキは、スピリチュアル、セラピー、医療、福祉に関わる人間が学ぶべき必須科目になりつつあります。**レイキのパワーは一説によると、宇宙の回転エネルギーであるといわれ、身体だけでなく、感情やエネルギーレベルの癒しにも有効**といわれます。

ヒプノセラピー

催眠状態にある人の潜在意識に働きかける催眠療法です。補完・代替医療の一種に位置づけられています。**緊張の解放、不安感情の低下、ストレスが関わる心身症、身体疾患や**

医学的処置の苦痛などにも用いられています。スピリチュアルな手法では前世療法、未来療法、インナーチャイルドの癒し、ネガティブな自己イメージの解除などのメソッドも人気が高くなっています。

心に残ったセッションで、クライアント様に掲載許可をいただいたエピソードをご紹介します。

●ホリスティック数秘術

6年くらい前のことですが、伊那店で数秘カウンセリングを受けていただいたお客様から、後日お礼のお電話をいただきました。数秘を受けていただいたお母様は運命数「8」で、現実的・合理的な能力が高く、頑張り屋さん。結果を出すまではあきらめないエネルギッシュな性格の方でした。

お母様が一番悩んでいたのは、1年半引きこもりの息子さんのことでしたが、息子さんの運命数は特殊数の「11」。繊細で直感的、精神性が高く、独特のセンスを持つスピリチュアルな数字です。

「本当に打たれ弱い子で……この先この子は大丈夫なんでしょうか？」

「この子を支えてあげなければ、と思う反面、生きていれば誰にでもつらいことはあるのに、どうしてこの子は、という気持ちも正直あります」と言っていました。

カウンセリング後に、「息子さんとお母様のこの世界での課題や役割は大きく違うこと」「自分の価値観で息子さんを裁かないほうがよい」ということに、お母様自身が気づいたのです。

息子さんのバイオリズム的に、たまたま「人間関係の波乱」の時期に挫折体験があって引きこもりが始まったけれど、次回の誕生日を過ぎた頃からは運気が上がってくることを、息子さんに伝えてもらいました。

数秘術のカウンセリング風景

後日お母様からの電話で、「このタイミングで数秘を受けてよかったです。内容を息子に話してあげたら、『このトンネルを抜けられないならもう死ぬしかないと思ってネットで練炭を買っていた』『お母さんが自分を認めていないこともわかってた』って泣きながら言ったんです。

私は息子がそこまで追い詰められていたなんて全然、わかってあげられていなかったんです。手遅れにならなくてよかったです！」と話されていました。


暗くネガティブなトンネルの中にいると、「どこまで行けば出口なのか？」「そもそも、この先に出口なんてないんじゃないか？」という負のループにはまります。

負のループにはまった人が「死んでしまったほうが楽になれるんじゃないか？」と思う気持ちもわかります。それでも**宇宙のルールからすると、一見不幸体験にしか見えないことや病気ですら、実は自分の気づくべきことを気づかせてくれる運命の軌道修正**かもしれません。

数秘術的にずっと運気が下がり続ける人はいないし、同じようにずっと運気が上昇して常勝している人もいません。今年は何を体験する年なのか？がわかっていれば、どうして自分ばっかり……と、過剰な落ち込みを感じなくてすみます。

どんなに長いトンネルにも必ず終わるタイミングがあるから、その出口がいつ来るのかわかっていれば、今死ななくてもよいとわかります。

●レイキヒーリング

ホリスティック数秘術カウンセリングに次いでクライアントが多いレイキヒーリングですが、こちらも奇跡的な治癒体験の数々をご報告いただいています。

Aさんは、娘さんが難しい病気をお持ちで手術も地元では不可能なために、遠隔ヒーリングを娘のために勉強したいという気持ちで当サロンにいらっしゃいました。

私は医者ではないので、レイキで症状が好転しますとは言いません。ですが実際にレイキ後、好転するケースを山ほど見ています。

娘さんの手術の日、お母様は日本から、私は出張先のバリ島から遠隔でレイキを送りました。その後、バリ島にAさんが送ってくれた数々の感謝のメールには、元気に回復されている娘さんの姿がありました。

東京からレイキを学びに来たNさんからのご報告です。

〈仕事で困難な課題を2つ抱えていまして、その2つが昨日解決されました！　達成感と長らくあった胸の詰りがなくなり、今非常に清々《すがすが》しい気持ちです。内容としては2つとも、『相手に説明をし、こちらの意向を理解してもらい、許可を得る』といった感じです。

約1年程前からあの手この手で説明をしてきたのですが、なかなか理解を得られず、半ばあきらめていました。ふと、そのときレイキの存在を思いつき、人間以外でもレイキは使える、とのことだったので、それぞれの課題の資料に半分おふざけで、半分本気でレイキを当ててみました。

それから数か月で、1つ目の難題が「解決」され（相手方から理解を得られた返答が入り）、そして昨日、残る1つの課題が話し合いの結果解決されました。その話合いは非常に和やかなもので、私としても勉強になりましたし、楽しい時間でもありました。

決してレイキだけの力ではなく、それまで皆で頑張ってきた証だと思っています。が！最後に光をくれたのがレイキでした。

レイキがあると思うことで、強くもなれるし、優しくもなれますね♪〉

こ、これはすごい！　こんなレイキの活用法があったとは！　でももちろんNさんが言うように「人事を尽くして」からレイキを使うことを忘れずに！

そして次は女子高生ヒーラーAちゃんからのご報告です。

〈夏季休暇のときに、いとこ達と実家に集まり、大勢で神経衰弱をしました。最初全然カードが見つけられなくて、なんとなくレイキ使ってみようと思いました。まず適当に1枚のカードをめくったあと、いろんなカードに手をあてたら、ビリビリしてくるカードがあって、それをめくったら1枚目にめくったカードと同じだったんです☆ その後もレイキのお陰で、連続で当たりました！ びっくりです！ 皆驚いてました☆

こんなことにもレイキって使えるんですね（・∀・）！〉

この話で大事なのは「神経衰弱に勝つためにレイキを習いましょう！」ということではなく（笑）。**レイキは人間の思念エネルギー（この場合Aちゃんの集中力）に反応する**という事実です。

女子高生でこの事実に気がついてしまったら……先が楽しみですね。この先も頑張ってレイキを使いこなしていただきたいと思います。

次はご自身の仕事場の人間関係のストレスやお子さんのアトピーで悩まれていたCさんです。

お友達からレイキを紹介され、現在セカンドまで勉強されています。この奥様がレイキを受講してから、生活が変わってきたことを知らせてくれました。

〈以前は自分が嫌いな職場の相手を、相手が間違っているのだから変えてやろうと頑張りすぎて疲れてしまっていました。

オーラカウンセリングと数秘カウンセリングを受けて自分と違うエネルギーで生きている人を認め、皆違っていていいということを受け入れ、相手の受け止め方を変えることで少し楽になりました。

次にレイキを受けたことで、自分のエネルギーを他人に乱されない心の強さを手にした気がします、私にそうした心のゆとりが出てきたら、神経質な子どもがかんしゃくを起こさなくなりました。

毎日のお風呂にお店のスタッフさんに教えていただいたヒマラヤ岩塩を1片入れ、それをかき回すときについでにお風呂のお湯に第2シンボルを描いています。

最近は子どものアトピーもずいぶん楽になってきているのです。私の内面の平和が家族をも変化させていくものなのでしょうか?〉

確かに！　**母親の内面の平和が確実にお子様に伝わっていった**のだと思います。一緒の家に住んでいたら、当然お互いのエネルギーの干渉を受けますからそれがよい影響であることがうれしいですよね！

次は現在ご実家の沖縄にいらっしゃるDさんに起きた出来事です。

〈3カ月前の話ですが、レイキセカンドを始めるとき、先生が、私の後ろからパワーを送ってくるときに私の前方あたりで、ものすごく激しい音がしたのです（たとえるなら、大型冷蔵庫が倒れたくらいの爆音！）。

けれど、私はレイキを伝授している中にいて、目も開けることができなかったので、何の音だろうって、そのときは不思議に思っていました。レイキを受けたあのお部屋には物が倒れた跡はなかったです、先生も普通に何もなかったかのようにしていました。

以前に私が地元沖縄でお寺にお参りした夜に、金縛りにあったことがありまして、そのとき経験した何かが降りてくるときの「音」と非常によく似ていたのを思い出しました。怖い感じはいっさいなかったです。

あの音は何だったのでしょうね？　いつかサードを受けるときは何が起こるのか楽しみです（笑）。

PS. レイキを受けてから金縛りにあわなくなりました（ノ≧）ノ〉

D様！　一部表現を変えて掲載させていただきました！　実は今だからいえることが……。私も平気なフリをしていましたが、内心「今の何？　今の何？　何の音？　倒れる物や落ちる大きな物なんて何にもないのに！　一体この部屋で何が起きてるの！？（大汗）」という状態でした。

この怪現象が起きたときに思い出したのは、ユングがフロイトと対立したときに起きた2回の轟音《ごうおん》の出来事です。

このときユングはスピリチュアルな現象を信じないフロイトに向かって、「ごらんなさい！　この現象がスピリットの顕在化なのです」といったそうです。この出来事も何かのスピリチュアルなものの顕現なのかもしれませんね。

そして私自身も、寒くなるといつも思うのですが、レイキに感謝したいことがたくさんあります。まず私はレイキを受けたことでひどい冷え症が改善しました。

この数年風邪もひいていません。これはレイキ後やたらとお通じがよくなって、腸の汚れからくる風邪をひかなくなったということなんです。

東洋医学では腸が汚れていると免疫が下がり、風邪をひきやすいといわれます、さらに腸の汚れは本来排泄機関であるお肌の状態を悪くします。

高い化粧品を塗るより、腸内環境を整えたほうがよいのです。レイキをやってもやっぱりひんぱんに風邪をひくんですという方は、レイキを腸に当てて吐く呼吸に集中して、深く息を吐きながら寝てみてください、自然な眠りに入れるし、自然なお通じがくると思います。

次は不妊に悩み、レイキの受講に来てくださった奥様H様。

「レイキでストレス処理がうまくなったからなのか、無事妊娠しました、あまり思い詰めなくなったのがよかったと思います」と連絡をいただきました。

最初にお会いしたとき、体が冷えていて体力がなく、落ち込みやすい気質であることがわかりました。レイキを始めてからは血行がよくなり、指先が冷えで割れたりすることがなくなり、冷えに強くなったらささいなことで長く落ち込まなくなったそうです。冷えた体はストレスや痛みを強く感じやすく、思考もネガティブになりやすいので、免疫力を上げるためにもまずは冷えを取り除くことが大切です。

もう1人、一緒にレイキを受講していただいたお友達の奥様は、強いストレスで止まっていた生理がアチューンメントの数日後に来るようになったことを喜んでいました。レイキのリラックス効果が脳の中にあるホルモンや自律神経の司令塔の視床下部によい影響を与えたのだと思います。

現代人（特に先進国の）は交感神経の過剰な緊張で免疫が下がっていますから、レイキでリラックス上手になったら、もっと精神的に余裕を持った人生が送れると思います。

「私の娘が小さい頃からずっとアトピーで悩んでいるのですが、娘も大人になったら治るでしょうか？」という悩みを持つお母様がレイキを受講されました。

アトピーは原因が明確に特定できないために、完治が難しいとされますが、ヨーガ療法学会での症例報告で「口呼吸の改善でアトピーの症状が改善された」というケースを知りました。

確かに口呼吸で体のバリア機能は落ちます。無意識的な口呼吸や就寝時の口呼吸を改善し、さらに不安や緊張からくる浅い呼吸も、深く吐く正しい呼吸に指導してあげれば、正しい呼吸から血流が促進され、細胞の新陳代謝も促され、代謝能力も向上し（皮膚は本来排泄器官ですから）、皮膚から代謝しなくてもよくなるので、皮膚に過剰なアレルギー反応が起きにくくなるのではないでしょうか？

さらにいうなら、最近の子どもの口呼吸の原因は、小さい頃から口あたりのよい柔らかいものばかり食べている食生活なので、あごの筋肉の発達が弱いといわれます。

子どもの頃に家庭や学校の中のことで無力感にさいなまれる時間が長くあり、1人でぼーっとしている時間やゲームに没頭している時間に、口が半開きの状態が長く続くことなども要因としてあるのではないか、と個人的に思っています。アレルギーに悩むお子さんにはぜひお母様が「正しい呼吸」を教えてあげてください。

心身相関医学では「体のアレルギー反応」は「心のストレスの大きさ」で一層、増悪してしまうものなので、心的ストレスの軽減も必要です。

量子力学や心理学で「注視したものが拡大する」という現象があります。若かったときの私は、暴走する身体の反応は自分ではどうすることもできないものだと思っていました。アレルギー反応は不安やイライラに注視し、捕らわれることで増悪し、パニック発作は「発作が出たらどうしよう」という不安に注視し、それに捕らわれることで発作を起こします。怒りや不安というストレスに注視し、捕らわれることで腸がねじれて病気を作り出すこともあります。

当時の若かった自分ではわからなかったのですが、激しいじんましんは特に友人関係、人間関係のストレスが大きいときに起こりました。

おそらく若かったときの自分にとっては、人に嫌われることや裏切られることなどをとても恐れていて、その緊張感に、注視し、捕らわれることで症状を増悪させてしまっていたのだと思います。そして歳とともに、あんなに悩まされていたじんましんの症状は、いっさい出なくなっていきました。

「世の中にもまれてストレスに強くなったから？」とも思いましたが、自らのいろいろな内面の変化を思い起こしてみると、学生時代に重要で大きな問題と思っていた「友人関係」「他人に好かれるか嫌われるか」「信頼されるか裏切られるか」という恐れがあったのです。しかし、自分1人で海外に出て、女が1人で仕事をするという状況の中、自分の命は自分で守らなければという緊張感に比べたら、他人の思惑なんて全然大きな問題ではありません。それが心から理解できたら、自然に消えていきました。

自分の心が不安や恐れに注視しなくなってきたために、アレルギー反応が起こらなくなったのだな、と思います。

この世界もまた、**注視し、強く捕らわれたものが大きく動き出すというシステムで動いています。**恐れや憎しみの連鎖に捕らわれ過ぎることは、それを強く望んでいるのと心理的に同じ状態ですから、不本意な3次元化をしてしまうんですね。

●ヒプノセラピー

近年の脳科学の進歩により自律神経をコントロールするものが潜在意識であるとわかってきました。自律神経失調の原因は感情や自律神経の領域である潜在意識の不調にあります。ストレスフルな環境やストレスフルな強い感情、または怒り、恨み、不満、後悔、悲しみ、不安、絶望、罪悪感、無力感　ｅｔｃ.……などに長時間さらされることなども自律神経のバランスが乱れる原因になります。

でも逆にいうと、**実は感情や自律神経の領域である潜在意識には、医学の世界でいう自然寛解を促す力があります。**自然寛解とは、ある時点を境に急速に病気が終息に向かうことです。

たとえば末期がんで余命数ヶ月と宣告された人が、手遅れのため何ら積極的な治療を取らなかったのに、数年後にがんが自然消失していたというような話があります。

日本のテレビでもときどき取り上げられますが、アメリカのカール・サイモントン博士が開発したイメージ療法**「サイモントン療法」**は現代医学の世界に大反響を及ぼしました。

末期の脳腫瘍で回復の見込みが極めて低いとされた九歳の少年がイメージ療法によって

脳の腫瘍が消えたという実話があります。少年の脳の悪性腫瘍は神経を圧迫して左半身の麻痺を引き起こし、そのうえ、腫瘍が深いところにできていたため、手術もできない状態でした。

そのとき少年が出会ったのがアメリカ、カンザス州でクリニックを開業する臨床心理学博士パトリシア・ノリスという医者でした。ちょうどその頃、映画やゲームで「スターウォーズ」が流行していて、またこの少年がスターウォーズの大ファンであることを知って、このイメージ療法を取り入れたのです。

博士は「スターウォーズ」を脳腫瘍との闘いに見立て、少年に脳腫瘍を退治するイメージの絵を描かせたのです、それは宇宙船が白血球と協力してがん細胞を攻撃してやっつけていくというイメージでした。

そしてイメージを膨らませるために描いた絵は、回を重ねるごとに具体的にしていきました。さらにノリス博士は、闘いの様子をテープにおさめ、敵が簡単に倒せる相手ではないことも少年に知らせ、集中力を高めていきました。

少年は毎日一日も欠かすことなくテープを聴きました。そして1年後、CTスキャンで調べてみると脳の中にあった腫瘍の影はすっかり消えていたのです。

これは潜在意識にインプットされるまで、「自分の白血球ががん細胞に勝つ」というイメージが実際に少年の自律神経と免疫を活性化させ、奇跡的な自然寛解を促した実例です。

実は日本人にとっては欧米人のように「闘う」というイメージがしっくりこない方が多いのです。なので病気の方のための催眠療法の場合、私は病気やがん細胞というものを許して手離すというイメージで誘導する場合が多いのです。

日本人の、特に男性は、まずイメージすることが難しいという方が多いです。でも人間は誰でも、昔あったすごく恥ずかしかったことや、強い怒りを感じたこと、夏の浜辺の暑さなどを思い出すだけで、実際に体温が上がるようにできています。

常につながっている自分の心と体を、い

意識のパワーで身体は変化する。

かに外界のストレスと上手に折り合いをつけて癒していくか。自分の心の状態や生活の状態が作った病気なら、それを癒して治していくパワーもまた、自分の中にあるのです。

貧乏神の正体は……

クライアントA子さんのご一家は、家族全員が2つの仕事をかけ持ちして働いているにも関わらず、どうしてか一家に金運がなく、昔の借金の返済が終わりに近づくと新たに問題が起きて多額の借金が生まれる……という状況でした。

最近の借金の理由というのは、彼女の父親が事業を共同経営している方の連帯保証人になってしまったことが原因なのですが、それでもA子さんは「お父さんが悪いんじゃない。お父さんも被害者だったんだから仕方がない」と思っていたそうです。

ですが、仕事をかけ持ちすることにも疲れ果てたA子さんは、いよいよ真剣に「うちには貧乏神がついているに違いない！」と思い始めたそうです。そして「この一家の運気の悪さは何が原因なのか？」と思いつめてヒプノセラピーにいらっしゃいました。

これはラッキーだったと思います。この状態のときに「先祖のカルマが、貴方の前世が、悪い物がついているから」系の人に捕まっていたら、新たな借金が増えていただろうからです。

彼女は比較的早く誘導に対して深い催眠に入りました。彼女の口から出た言葉（彼女のハイアーセルフから彼女へのメッセージ）は、当の彼女も知るはずのない事実だったのです！　実際、これには私も後日談を聞いてビックリしました！

まずA子さんのハイアーセルフは父親に対するメッセージとして、「お父さんは目上の人に対してNOといえなかっただけ、よい人と思われたかっただけで、それは親愛ではなく偽善でした。お父さんは強いものに弱く、弱いものに強いという自分の弱さを克服しなければなりません」と伝えたのです。

この言葉には、A子さん自身も驚きました（催眠中も本人の意識はあります）。なぜなら彼女は、お父さんは被害者だから仕方がないと思っていたのですから。ハイアーセルフの言葉は、彼女自身の意識よりもより高いレベルからの言葉です。そして私が本当にびっくりしたのはここからです。

ヒプノセラピストとして私は、本当は貧乏神というものは実在しないものだけれど貧乏神というわかりやすいイメージを使ってA子さんの潜在意識の書き換えを行おうと思い、次のように質問しました。

「貴方の家のどのあたりに貧乏神がいると感じますか？　また貧乏神は何色のどんな状態

のイメージでしょうか？　それを教えてください」

私の問いかけにA子さんは、「貧乏神は……家の玄関の……下駄箱の下に灰色の煙のような状態で存在しています」と答えました。

後日談として、彼女は自分から出た答えの鮮明な貧乏神のイメージが気になって、去年は玄関をしっかりと掃除したそうです。彼女の家族はもう何年も家中をしっかりと大掃除をするような余裕と時間はなかったそうで、その下駄箱の下の奥深くから、なんと亡くなったおばあちゃんの革靴がカビだらけになって出てきたんです！　小さなサイズのその革靴は、黒い革のはずが、カビにまみれて灰色に見えたそうです。

A子さんは催眠下で自分の知りえない情報、自分の家の、運気を落とすものの気配を感じ取っていたんです！　しかもかなり正確に、です。ちゃんと供養してその革靴を焼却した昨年の末に、A子さんはやっと家にいる貧乏神のイメージを取り払えました。

これはおばあちゃんの靴が運気を落とすものなのではなく、遺品を整理できない家族、家を掃除する精神的余裕のなかった家族の、**乱れた精神状態の象徴**がカビだらけの靴であった、ということです。

そうすると新年明けたお父さんの会社には、昨年にはない量の、商品の注文が入ったそうです。確かに風水的にも玄関の汚れは「家全体の運気を落とす」といわれますから、結局運気アップの秘訣は穢《けが》れを落とすことからといえます。

彼女のお父様は悪い人ではなかったけれど、他人に「NO」といえなかったことから、家族に苦労をかけることになってしまいました。自己肯定感が低いと、悪意のある人にそこを見透かされて、簡単に他人にコントロールされ、損をしてしまいます。

私が、人間の心の共通のルールや自己肯定感を持つために知っておきたいことを、誰でも簡単に理解できるように引き寄せ講座でお伝えしようと思ったきっかけも、こうした**人間関係の被害者になりやすい人に自己肯定感の低さが共通してある**ことに気がついたからでした。

私自身はどうとでもいえてしまうことは信じません（手相や数秘学など統計学として根拠のある物は別として）。こうしたことにお金を使ったこともないのですが、若い頃のごく短期間霊感系占い師を仕事にしていたことがありました。

舞台裏を明かせばカウンセラーと違って、占い師はリピーターの獲得が重要事項なので、基本的にはクライアントが喜びそうなことを言わなければなりません。

例としては、「今が転換期です」「貴方はパワーがすごいから周囲からやっかまれているのね」「貴方にはまだ開花していない秘められたパワーがあります」etc.。

こうした言葉でクライアントのハートをつかむ半面、「離婚するかどうか」「この仕事は成功するかどうか?」というような人生を左右する重要な質問には、『残念ですが、80%の確率でうまくいかないでしょう』と言いなさい。そのほうが当たる占い師といわれるようになるから」と、所属占い師用マニュアルに書かれていたのです。

人間は「よいことが起きますよ」といわれても、それが起きなかった場合、「当たらなかったじゃないか!」と憤りすら感じるものです。「いろいろな困難があってうまくいかないでしょう」と言われたら、人間はいつ報われるかわからない努力を、それ以上続けられなくなるのです。

人間は未熟で弱い生き物なので、あきめてしまうほうがはるかに簡単です。「占いでも成功しないって言われたし……やっぱりダメなんだ。やっぱりあの占いは当たっていた」と、自ら占いの結果にコントロールされます。

私が占いを仕事にしていた時期は、指名が増えるとともに給与も上がり、「どうしたらいいですか?」と依存してくるクライアントも増えました。20代で若く無知だったゆえに、間違った万能感を持ってしまった私の、「勘違い教祖様時代」でした。

今思い出しても恥ずかしい黒歴史ですが、この勘違い時代があったお陰で、ヒーリングでどんなに奇跡的な治癒が起きても、「これは私のパワーではなくレイキのパワーだ」と勘違いしないですんでいるので、黒歴史も学びの時期だったのだと思います。

そしてクライアントが増えれば増えるほど、「当たる占い師」といわれればいわれるほど、**「これはクライアントにマイナスの暗示をかけているのと同じではないか？」**という罪悪感が芽生え、逃げるようにその仕事を辞めました。

誤解のないようにいっておくと、私の知り合いにも純粋に「迷っている人の力になりたい」という思いで、占いの仕事をやっている人は多くいます。最後は占い師の人間力が勝負ですから、勇気や癒しをくれる人にあたればいいわけです。

あたりまえのことですが、自分しか自分の人生に責任は持てないので、他人の言葉はアドバイス程度に捉えましょう。**自分自身を一番信頼できる自分になれれば、それこそが揺るがない幸せな状態**だといえます。

自分より強大なものに従ってしまう。自分の価値を他人に決められてしまう。そんな悲劇が実は多くの場合、自分と自分の母親との間で繰り広げられるんです。

「母という病」の被害者だと告白した某女優さんの言葉で、「母親は私を愛していない」と思い知ったあとに何度も母親を殺す夢を見た、というものがありました。

「私」というパーソナルな潜在意識の階層よりも深い潜在意識の、さらにその奥の宇宙意識につながるのが、最も深い宇宙の叡智《えいち》です。その部分から湧き上がってきたメッセージは、「母親を殺す夢を見るほど、お前は母親を乗り越えるべきカルマがあるのだ」ということなのではないでしょうか?


催眠療法に来るほど深いトラウマを持つ人は、本当にしばしばこうした「親殺し」の夢を見ています。もちろん親への憎しみや怒りがこうした夢に形を変えることはありますが、10年ほど前に催眠療法を行ったある女性とのセッションを通して「親殺し」の夢が意味するものは、実は親を乗り越えることなのではないか?と感じたことがありました。

ほとんどの人が1回の催眠療法で充分ですが、その方は催眠療法に合計3回ほどいらっしゃいました。最初に来られたときは、職場の人間関係でいじめの標的にされ、それがきっかけで鬱病になっていました。

母親との関係では常に親の顔色を伺っていて、子ども時代も母親に逆らえないと感じ、反抗期がなかったそうです。常に他人の顔色をうかがっているので、自己主張が強いというわけでもなく、3回転職をしたのに、どの職場の同僚の女性達ともうまくやれない、という悩みでした。

この女性が1回目の催眠療法が終わったあとで、「実は生まれて初めて母親を殺す夢を見たんです」と言ったのです。夢の中で彼女は、自分をいじめた職場の同僚達を包丁で刺そうとしていました。その場面で、目の前に母親が突然飛び出してきて、「あんたが本当に殺したいのは私でしょう?」と言ったというのです。

1回目のセッションでは、彼女は母親に対する緊張が強すぎて、母親に関する感情が一切出てきませんでした。けれど、彼女の潜在意識はちゃんと私の言葉を聞いていて、彼女の潜在意識は彼女の顕在意識にメッセージを送ってくれていたんです。

この女性は母親にちゃんと向かい合って怒りをぶつけていないから、**母親(女性)というものへの無意識的な怒りと敵意が、まわりの女性達に無意識的な態度で伝わっていた**のです。これが繰り返されるいじめの原因であった、ということに、2回目の催眠セッションで気がつきました。

自分の中の母親は支配的で怖いものという思い込みを、乗り越えるべきものと認知を正したことで、彼女自身を痛ませていた強い抑圧された怒りの結果である鬱病はどんどんよくなっていきました。

3度目は1回目のカウンセリングでは話せなかったという、もう1つの大きなトラウマをテーマにしました。彼女のような「親殺し」の夢を見るタイミングは、夢の中でさえ母親に気を遣っている間には見なかった夢でした。

1回目の催眠セッションを行ったことで、「親を殺す夢を見るほど『本当の自分』は母親を乗り越えるべきだと思っていたのだ」というメッセージを、潜在意識が顕在意識に伝えようとしてくれていました。

今までの催眠療法の中でクライアントを通して私自身も多くの学びを得ることができました。「人を殺す夢は自分を変えたい人が見るものなのだ」ということもその1つです。

私の催眠療法と心理学の師匠は4人いるのですが、そのどちらも「心理学や催眠療法は人間関係に苦しんでいる会社員や子育てに迷っている普通の主婦の人達にこそ活用してもらうべきもの。そうした人達の意識変容を促してこその『生きた学問』です」という趣旨のポリシーを持っていました。

さらには「私達の本当の仕事は最終的にカウンセラーや相談者としての催眠療法士を必要としない『自分のことを一番信頼できる』という状態にクライアントを導くこと」で

す。「自分で決断できること。『私はどうしたらよいでしょう?』とクライアントがいつまでも相談者を頼ってくる場合、私達の仕事は成功していないということです」ということも、同様に語っていました。

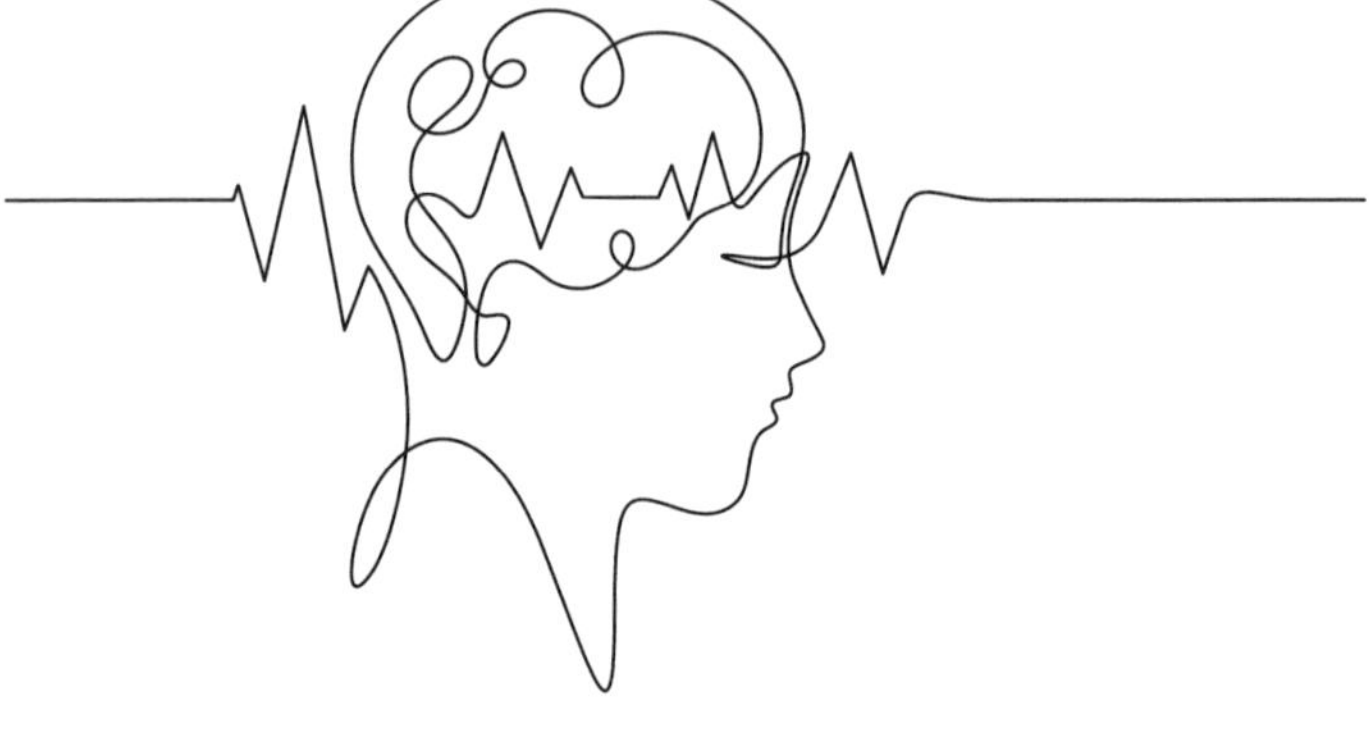

第6章

天に味方される生き方 嫌われる生き方

お金のよい流れを作れないのはなぜか？

天（高次元エネルギー体）は神仏的なエネルギーといってもよいと思います。その中でも特に**お金の神様に嫌われる人はひと言でいうとケチな人**です。

1円でも安い物を探すために何時間でもネットを検索する（どう考えても数百円の金銭の得よりも自分の時間のほうが価値があるというのに！）。「安ければよい」「1円でも得したい」というエネルギー自体がもう「豊かさの波動からはほど遠い」わけです。

実は私のお金のブロックを最初に解いてくれたのはユリ・ゲラーでした。縁のあった超能力者からの紹介でセミナーに参加させていただき、目からうろこが落ちた！　というお金のブロックを解除する体験ができました。

「日本人はたいへんスピリチュアルな民族だ、先進国の人間なのに自然界のあらゆる物の中に『神』を見出すことができる、そのスピリチュアルな日本人が『お金』というエネルギーだけは正しく理解できていないのはなぜですか？　皆さん『お金持ちになりたいです』と口では言うのに、内心ではお金は怖いもの、汚いものと思っているのはおかしいですよね？」

「お金というものは、ただの紙でも銀行に並ぶ数字でもないのです。お金は世の中にお金が流通していなかった時代、まだ人間が今ほど安全に生きられなかったときに、自分を助けてくれた誰かに『ありがとう、貴方のお陰です』という感謝の気持ちを手渡すために発生した、愛と感謝のエネルギーが物質化したものがお金なんですよ！」

「経営者の方にとっては、店や会社の業績がお客様からの『ありがとう』の量ですし、会社員の方だったら社長さんからの『会社のためにこんなに頑張ってくれてありがとう』の気持ちがボーナスの額になるんです」

ユリ・ゲラーの話を聞いて、「お金は『ありがとう』というエネルギーが3次元化したもの」という宇宙ルールを知り、私の中の「お金に対する罪悪感」がきれいに書き換えられました。

「そうか！　お客様の『ありがとう』を集める意識で仕事をしていたら、業績はあとからついてくるんだ！」と意識を変えて仕事をするようにしたら、本当にお店の売り上げは年々うなぎ昇り！

飯田店を本店として、伊那店、松本店、諏訪店、飯田店2階にアジアンセラピーの店……と順調に、それこそコロナで業績が落ちることもなく、同業者が続々と店じまいしていく中、お陰様で2024年の現在、25年間ずっと、会社の業績は上がり続けています。

お金というエネルギーとうまくつき合えない人とは、ズバリ「同じ時給なら暇なほうがよい」「できるだけ楽に稼ぎたい」という人です。こういう心構えの人で本当に豊かな生活をしている人を、私はまだ見たことがありません。

元議員さんのタレント杉村太蔵さんは、若いときに時給800円で清掃員として働いていたそうです。あるとき、派遣された証券会社で、空調が効いてたいへん涼しい中、1人だけ汗だくになって掃除をしていると、証券会社の幹部が「君は必ず大物になるよ！　うちに来なさい」と声をかけてくれて、出世街道を歩むことになったというエピソードを聞きました。

杉村さんが「同じ時給なら楽して稼ぎたい」という人ではなかったから、きっとその人には杉村さんの成功している姿が見えたのでしょうね。

仕事というのは自分にお金の流れを注いでくれる道筋のことです。その道を汚すこと（会社・上司・仕事内容への不満と悪口）をしたり、自分の利益のためにお客様をだましたりしていないでしょうか。その結果、一時的に「うまくやった」と思っても、自分の潜在意識はそんな自分を決して評価してくれません。

「自分を好きになれない、心が休まらない、満たされなくて生きることが苦しい」という結果になります。自分を褒められないやり方とは、実は一番コストパフォーマンスが悪い生き方なんです。

バリ島のホワイトマジックの呪術師（バリアン）の方達と話をしたときに、こんなことを言われました。

「日本人は皆『私はいつから幸せになれますか？』って聞くのよね。日本に生まれてバリに来られる収入があることがもう幸せなはずなのに」。その人は、外国人に必ず同じアドバイスをするそうです。

「不平不満を言わない。人の悪口を言わない。お金のためではなく、自分の成長のために働く。理想に向かってまず行動する。頑張ったあとは神様にお任せする。いつも守ってくれる神様に感謝を絶やさない。そして自分を護ってくれる人間や神様にお返しをする」。

実はこれはすごく筋の通った願望達成の法則です。今まで5000人以上のお客様のエネルギーを見てきて、**他人や会社の不満や悪口が多い人は、オーラが小さい**という法則があることに気がつきました。

大昔、ヨーガの師匠に**「暗いと不満を言うよりも、進んで明かりをつけなさい」**と言われたことがありました。それは私が当時勤めていた会社の愚痴や人間関係の愚痴を言っていたときでした、ヨーガの師匠は「貴方のいる会社は貴方を脅して働かせているわけじゃない。不平不満を言わなくてもすむ現実を自分で作りなさい」と教えてくれました。

松本から飯田に引っ越してきたときに、ここには働きたいと思う面白い店がないと思いました。またそのことを愚痴っていたら、自分のエネルギーが落ち過ぎて病気になりかけたので、「面白いと思う店がない」と不満を言うよりも、進んで面白い場を作ればいいんだ！と考えを改めました。

このように、エネルギーの使い方を転換していったら体調はよくなりました。同時に、私も生き生きと働ける場（自分の店）を得られました。

状況や会社や他人に不満を言っている間はエネルギーが小さく、小さいゆえに仕事を成功させるパワーや、人を引きつけるパワーが少ないのです。それは人脈だけではなく経済運も下げる原因になってしまうのです。

人の悪口、不平不満は、一番最初に自分の脳が受け止めてしまいます。結局それが「人を呪わば穴2つ」になって自分のエネルギーも下げてしまう。それは本当にもったいないエネルギーの使い方だと思います。

よいエネルギーの使い方をしている人は、どんな困難な時代にも人も呼べるし、お金も呼べる人になれますよ！

「ありがとう。貴方のおかげです」のエネルギーが物質化した物がお金です。

安ければよいという選択の先にあるもの

ユリ・ゲラーが教えてくれたとおり、お金の正体は「ありがとうのエネルギーが3次元化したもの」です。その本質がわからず、安ければよい、1円でも得したいという、豊かさとは対極のエネルギーを日々自分のエネルギーフィールドに放出していたら、豊かとはいえないものばかりが自分のまわりに、人生に集まってきてしまいます。

安ければよいという考えは、ネットで何時間でもより安いものを探す、という行動を作ります。どう考えても、その時間を使って勉強して資格を取るとかに時間というエネルギーを費やしたほうが、生涯収入は上がるはずです。

そして安ければよいという人達はどんどん中国系通販サイトにお金を落とすようになります、その先にある世界が見えるでしょうか？　国内産業は衰退し、日本の職人は仕事を失い、基本的人権を認めない国、中国が、世界の富を独占していく世界の先には何があるでしょうか？

日本やアジアのほかの国が、中国から香港や台湾のような弾圧、支配を受けるような未来になってしまったらどうなるでしょうか？

幸い私の店のお客様達は、「よいものはある程度の対価を払ってあたりまえ」「値段の高い安いじゃなくて、貴方から買い物したいのよ」と言ってくれるお客様がほとんどです。本当にありがたいことです。

自分の支払うお金のその先には何かあるのか？　お金というエネルギーをどう流していくのが世界のためになるのか？　これに気がつくと、貴方の意識が村意識から宇宙意識へ変換していきます。

何か起こるたびに「幸せ」と「不幸」を決めつけない

1万人超のお悩み相談を受けていると、「私ばっかり恵まれていない星の元に生まれています」という言葉をお客様から多く聞きます。それも典型的な思い込みの呪いです。「貴方には人の不幸や痛みは体験できない。でも自分の不幸と痛みにはいっぱいいっぱいになれるからそう感じるんですね。実際は誰でも9年周期の運気のバイオリズムで上がったり下がったりしながら生きていますから、他人もちゃんと落ちるときは落ちているんですよ」とお伝えします。

数秘術的には、9年間でどう頑張っても下がりの波に行く4年間があります。その4年間は「やるぞー」とアクセルを踏み込み過ぎると、病気、事件、事故などの強制停止が起こりやすい時期なのです。

こうした時期に自分に都合の悪いことが起きているのは、実は運命が「今はそんなに頑張っちゃダメ！」と強制停止を行い、運命の持ち主を守ろうとしてくれています。人間は血管1本詰まっても簡単に死んでしまうから、その前にブレーキをかけてくれているのです。

なのに早合点で「私ばっかり不幸な星の元に……」と認知間違いをして、**下がりの波の時期の努力をしないでいると、上がりの波の時期の成果も手に入りません。**

人間はお金の入ってくるルートの悪口を言うと金運が上がらず、天気や運命の悪口を言うと運に恵まれないようにできているのです。

「金運のパワーストーンを買ったのに馬券が当たらなかった」「恋愛の石を買ったのに彼氏が全然できない」という方がたまにいます。そうした不平不満のエネルギーを石に入力したり、自分のエネルギーフィールドに投入したりしたら「どうせ」と思う現実が立ち上がってしまうだけです。

私自身の体験では、この8年誰よりも早く高波動石フェナカイトのパワーを認め、誰よりもお金をかけて自腹で購入して身につけていたのに、お客様に起こるような奇跡的な一発逆転はなかなか起きませんでした。けれど、今の自分の状況に感謝して石の悪口を言わず、ずっと身につけていました。

その結果が8年目の財運の一発逆転の奇跡だったんです！　石のパワーを身につけるということは、人間同士なら「お前を嫁にもらったのにちっともよいことが起きない」「お前なんて嫁にもらってもどうせ……」というような男に女も尽くしたくない！のと一緒です。

「いつもありがとうね」「いつもきれいだね」と手をかけてくれる人間を幸せにしたくなるのと同じだと思います。


実際にお店のお客様に起きた出来事があります。

2020年ある社長さんが「テナント契約が決まるかどうかの大事な時期だから開運の石をくれ」と松本店にいらっしゃいました。「契約ができたら大きな店を出店できる」ということで、おすすめした強運の石フェナカイトを購入されました。

その後、その社長さんが奥様と一緒にいらっしゃいました。「実は3年前にテナント契約が失敗したお陰で、逆に一発逆転ができたんだ。いや今だからわかるんだけどね」ということで、後日談をお聞きしました。

他社にテナント契約された物件のカフェは、コロナの本格化で2年もしないうちに撤退したのだそうです。「自分がもし出店していたら、開業資金と退店処理で1000万近い赤字を出していた。あのとき動かなかったから借金を作らず、貯金をキープして、こうして思いがけない結婚もできることになったんだよ」。

「契約できなかったときに天を呪わなくてよかったですね～」とお話しました。

◎周囲に起こる「都合の悪いこと」「都合のよいこと」で、一喜一憂しないこと。
◎起きた出来事に勝手に「幸せ」「不幸」のレッテルを貼らないこと。
◎未熟な自分の自我で「よい人」「悪い人」をジャッジしないこと。

人生にはよいことも悪いことも、予想外の災難も予想外の奇跡が起きても、不思議じゃないんです。ですからできるだけ、「こういうことも起こりうるよね」と受け止めてください。

つらいことも楽しいことも、ちゃんと味わいきってから流れて消えるにお任せしましょう。それが運命の荒波をうまく乗りこなす方法です。

宇宙のルールに反することをしない

前述したように、長年の宇宙ルールの勉強で、「天は他人のカルマを盗んだり、コントロールしたりする人」を好まない、ということに気がつきました。これはスピリチュアルハラスメントを行う自称霊能者などもそうなのですが、明確な悪意のないまま、「よかれと思って」子どものカルマを奪う母親が多いことにも気がつきました。

特に母親にとっては、子どもはいくつになっても心配な存在なのは当然だと思います。

1万人超のカウンセリングをしてきた結果、**親が子どもを助けたいがゆえの行為で、子どもの問題やカルマを親が肩代わりし、必ずといってよいほど悪い結果を引き寄せる**という現象を見てきました。

たとえば息子の借金をその度に穴埋めし、自分は仕事を3つもかけ持ちして苦労している母親の努力は、子どもが改心して心を入れ替えることにはならないのです。びっくりするほど、同じ問題を何度も抱える結果になります。

天から見ると、子どもの宿題や子どもの課題を親が横取りして子どもの成長の機会を奪っているからだと思います。「人は皆、自分を生きるために生まれてくる」という宇宙のルールに反することになってしまうのです。

相手を無力化するものは「愛というより依存」ですから、さまざまな問題で子どもと向かい合うときに、お母さん方は「私のやることはこの子を成長させるのか、無力にしてしまうのか」を見極めてあげるとよいと思います。

幸せに気づけない人が増えると大災害が起こる？

占い業界で昔から伝わる言い伝え的なことがあります。「どうせ長く生きていてもよいことがない」とか、「私なんかどうせいつまでも幸せにはなれないんです」という相談者が増えると、大きな災害の前触れだというのです。

ユダヤ人の数秘術の師匠だったバルバラ師から20年も前に聞いていたことを、有名占い師のゲッターズ飯田さんも同じことを言っていると最近知って、びっくりしました。確かに私達日本人は、日本に生まれたというだけで、本当に幸せなんです。

アジアで長くフェアトレードの活動をしていた私は、アジアの底のない貧困や犯罪や、性労働でなければお金を得られない女性や子どもをたくさん見てきました。

私が、「私は日本に帰れば自分の車がある」「何歳になってもやる気があれば専門的な学校に行って学ぶことができる」と言うと、タイやインドネシア、カンボジアやネパール、インドの出稼ぎの女性達は、「女でも学校に行けるのか?」「女でも自分のお金で自分の車が手に入るのか?」と驚いていた姿は今でも忘れられません。

インドの底の見えない貧困、ネパールで誘拐されて売春宿で死んでいく子ども、バリ島の裏町で6畳の部屋に5人で暮らしていた少女娼婦達……。

もっと広く世界を見ると、敵国の兵士に拷問されて死んでいく戦争被害者、アフリカの干ばつで飢えて死んでいく子ども達。

日本を離れれば離れるほど、日本の生活が恵まれていないはずがないと強く思います。

今ある幸せに気がつけない。今ある幸せに感謝できない。同じ種である人間を自分の都合で殺す。自国の利益のために他国を侵略する。そうした人達が増えれば増えるほど、人間、植物、鉱物、動物、自然、地球、宇宙はすべてつながっているのですから、その乱波動が自然界に乱れた影響を及ぼすはずです。

1人1人が自分の内面の平和と幸せに責任を持つこと、これは今を生きる人間の権利であり、義務であると思います。

正義は簡単に変わる

外向き エネルギーの人	中立 エネルギーの人	内向き エネルギーの人
運命数 1・3・5・8・22	運命数 6・33	運命数 2・4・7・9・11
正義感が大事 裏表があるのは卑怯《ひきょう》 言いにくいことは陰口にせずズバリ本人に言うことが本人の成長のため	どちらも大事 どちらにも共感 どちらにも共感	デリカシーが大事 裏表はデリカシー 言いにくいことを直接言ってその人を傷つけることが一番ひどいこと

どれが正しいの？

実はどれも正しくなくて、人間は皆、自分に近い人を「よい人」と認識してしまうだけ。違うグループの人を「悪い人」と決めつけるのは認知間違いなんです。

第7章

宇宙のルール探しの旅は自分に還る旅だった

※ここでは以下のリンクから飛んで連動させながら読み進めてみてください。
私に起きた超常現象を追体験していただきたいと思います。

購入特典動画

https://www.therapylife.jp/sp/sap/

２０２１年10月23日
松本市　浅間温泉で2回目のＵＦＯ撮影成功

ＵＦＯとの2回目の遭遇後から時系列で追っていきます。ここから時系列で追っているくだりは、私が書き留めた日記に従っています。

２０２１年10月22日の小黒川サービスエリアでの、３角形に発光したＵＦＯとの第一次接近遭遇の翌日。

浅間温泉の公衆温泉施設に駐車して車を降りたら、夜空に浮かぶ満月に左側から真ん丸の白い雲が接近してくるのが見えた。「あんなに完全に丸い雲は怪しい……」と思い、あわてて車に戻り、スマホを構えるとその白い雲はすでに消えたあとだった。

「まあいいや、今日の満月だけでも記念に撮影しよう」と思い、シャッターを押すと、あわてていたため3枚連写になっていた。連写なので約2、3秒の間の写真が撮れた。

１枚目（20時46分）は、ブレブレでブレた満月しか写っていない。

２枚目（20時47分）は、なぜか消えたはずの丸い白い雲と満月が一緒に写っている。

3枚目（20時47分）は、白い丸い雲は消えて満月とＵＦＯだけが写っている。

3枚目は真ん中に白い丸があり、上下に三角形の羽根がある形の妙に大きく写っているＵＦＯ。「3枚目は確実にＵＦＯだから、ＬＩＮＥで送ってあげよう」と友達に送った。

すると、真ん中の丸がないという。自分が保存した画像を見ると、ちゃんと写っている。試しに、彼女の見ている画像のスクショを送ってもらったら、なぜか真ん中の白い丸だけが写っていない！

私のスマホのオリジナル画像は、ＬＩＮＥやメールで送ったり、自分でスクショして複製しようとしたりすると、なぜか真ん中の丸い部分だけが再生されない！

「買ったばっかりの iPhone が変だ！」と思い、ドコモショップに飛び込んで「買ったばかりなのにカメラの調子がおかしいです」と訴えた。店員さんはいろいろな機械を連結して私のスマホを調べてくれたが、結局、オリジナルの画像が見たまま再生できないという不具合は、この1枚のＵＦＯ画像だけだった。

「お客様、これはスマホの問題ではなくＵＦＯの問題なので、こちらではどうすることもできません！」と断言された。

ＵＦＯに詳しい方にも見てもらうと、**「貴方が撮影したＵＦＯは3次元にいたことの残像のようなもので、本体（白い丸の部分）はすでに3次元にいないものだったから、複製**

ができないのではないかな？」ということだった。「え？　ＵＦＯの業界ってそういうものなんですか？」と思うようなもやもやが残ったが、動画で証拠もある。起きてしまったモノは現実だから仕方がない受け入れよう！

●2021年11月1日（15時32分）

もやもやした状態からさらに1週間後。私の住居のある飯田市の隣の高森町に、かつて聞いたこともない爆音が響き渡ったので、ビックリして外を見ると2機の明らかに旅客機ではない飛行機（軍用機？）が超低空飛行をしていた。

「バリバリバリッ」という爆音で我が家の2階の窓ガラスがビリビリと振動している。流石に恐怖を感じて外に出る。どう優しく見ても、明らかに我が家の上空を2機の飛行機が旋回していることにぼうぜん。

「このまま家が爆撃されたらどうしよう！」と思っていたら、5分ほどで東の空に飛んでいった。「何かあとでもめたときの証拠に」と、飛行機を撮影していた画像を見て、またぼうぜん自失！

丸や長四角の黒い飛行体が飛行機と一緒に何体も写っている！　肉眼では全く見えなかったのに……。「まさかこの飛行機はこのＵＦＯを追ってここに来たのか？」という考えが浮かんだら、全身に鳥肌が立った。

1週間前の浅間のＵＦＯといい、いったい私の周辺に何が起きているんだ？

＊その後、飯田市や高森町にお住いのお客様が「あの爆音すごかったね。北朝鮮の攻撃かと思ったよー」と11月1日の飛行機の話をしているのを耳にしました。試しに画像を見せて「ＵＦＯを見ていないか？」と聞いてみたら、やはり誰も飛行機の周辺にいた黒い飛行体を見ていませんでした。

●2021年11月8日

目が覚めてリビングのソファに移動した私は、ボーッとソファに寝転んだ。白いカーテンを見ていると、急にカーテンに黒い丸い影が差し、なおもボーッと見ていると、どんどんその黒い影が上昇して明らかにＵＦＯの形のシルエットが写し出された！

隣の家との間隔は約7ｍだから、大きさ的にＵＦＯがこの部屋の窓辺に滞空できるスペースはないはず。現実的にはあり得ないので、私の中でこれは「起きたつもりで実は私はまだ寝ていて、だからこれは夢なんだ！」と思った。けれど、あとから思い返してもあまりにもリアルな情景だった。

これは人に言っていいことなのだろうか？　でもおかしな人扱いされてもいやだし（今さら。笑）と、丸一日思い悩んで、その日の夕方カーテンを閉めようとして外を見たら、空に大きな飛行機雲で作られたバツ印が出ていた。

うーん……。もっといろいろ説得力のある証拠を集めてからＵＦＯの話をしたほうがいいね。誰かに相談することはやめよう。

＊後日、ＵＦＯの師匠にそのことを話すと「ＵＦＯというのは、地球製は物質だけど、**宇宙製は別次元から来るエネルギー体**なんだ。だから物理的な空間の広さは関係ない。高次元から３次元の波長に合わせて、波長を下げて下げてエネルギーの状態から物質化するんだから」ということでした。

そう説明をされても、「やはりモヤる……」と感じる自分がいるのでした。

●2022年1月4日（14時45分）

伊那店勤務の帰り道の高速から金属型ＵＦＯを発見！　座光寺サービスエリアに停車し、上空でじっと待ってくれていた金属型ＵＦＯの撮影に成功。

長く姿を見せてくれるときは「撮影ＯＫ」という意味。今度はあわてずに落ち着いて撮影できた。

●2022年1月5日（16時27分）

「龍の行進」のような不思議な空。パノラマにすると地球の磁力を感じる。

●2022年3月16日　18時39分

ＵＦＯの師匠達に「説得力持たせるには、画像じゃダメだよ。**今どきのＵＦＯ撮影は動画でないと！**」と言われる。なので「今日の満月は浅間温泉にＵＦＯが来たときの満月に似ている……きっと今日は来る！」という強い予感があったので、月が見えやすい高森町の丘でスマホを動画モードにしてＵＦＯ待ちした。

するとなんと11分後の18時39分、満月の下に右から左に回転しながら移動するＵＦＯを動画撮影成功！　最後は回転しながらゆっくり別次元に消える。

●2022年4月15日（9時15分）

私は前世がヒンドゥー教徒なので、日本の神社仏閣にはあまり興味がないが、なぜか好きで、穂高の山の中の有明神社によく足を運ぶ。

UFOとチャンネルが合うようになったら、物質以外のものもよくチャンネルが合うようになってしまい、風もないのに1枚だけ揺れる紙垂《しで》を眺めていたら、ふと何かが周辺にいるような気がした。すかさず動画を撮影したら、ラスト3秒に下から上に立ち上る白い丸いエネルギー体オーブが撮影できた。このオーブは神仏のエネルギーのような、縁起のよいものだと思われる。

●2022年6月21日

私の中での超常現象のピークが、このタイ出張中に訪れたバンコクから2時間のサメット島での出来事だった。

早朝6時2分。こんな早朝になぜか眼が覚めてしまい、ふと外を見る。なんと宿泊していたホテルの前にある、小さなビーチの入り江の端から端まで、ちょうど500メートルの長さの虹がかかっていた！　しかも二重のダブルレインボー！　そこで30年働くおじいさんも、「あんな虹見たことないよ」と言っていた。

その夜20時57分。「きっと来る」と確信を持ち、夜のビーチに出たら、最初大きめの「青い光」が左から右にサッと流れる。青いＵＦＯだ。「青い」というのが重要。なぜなら、１億円のラッキーが天から降って来たあと、青いＵＦＯがめっきり姿を現さなくなってしまったからだ。

「一瞬過ぎて流れ星かＵＦＯかわからないよー！」と心の中でツッコミを入れると、次の瞬間全く同じ軌道を描いて白い小さめのＵＦＯが飛んだ。まるで「ほら、流れ星なら同じ軌道で流れないでしょ」といわんばかりに。

３度目の正直だから撮影させてくれるかもと思い、カメラを上空に向けて動画

入り江に現れた珍しいダブルレインボー

を撮影してみると、最初の1秒だけ写ってくれた。

＊翌日のバンコクに帰る高速道路の龍雲の発生も縁起がよかった！　龍雲は飛行機雲のようなものだと思っていたら、実際の龍雲は下から生き物のようにモクモクと上に高く伸びて成長するものでした！

撮影したらやはり虹の輪がありました。タイの離れ小島のとても神秘的な3日間は龍雲で幕を閉じました。

●2022年6月24日

バンコクのホテルで鏡を見て、変な形の胸のやけどに気がつく。なぜか正三角形のやけど？　いつできたかも全く不明、痛くはない（1か月ほどで消えた）。

ふと「アブダクション」という言葉が浮かぶけれど、その記憶は全くないので、まあいいかと流すことにする。

●2022年7月14日

飯田店「アジアンロータス」前に縁起のよい彩雲。

●2022年8月13日

諏訪店移動の際にガストの駐車場でLINEに返信していて、ふと顔を上げると、お向かいのコンビニエンスストアに大きな虹がかかっていた。虹の足元なんて見るのは初めてだ。当然その日の夜もUFOが来た。

●2022年10月12日

太陽に虹がかかっていたこの日の夜、松本店ガネーシャの駐車場上空に、流れ星型UFOが来る。

●2022年10月22日

テレビ東京で「開運！　なんでも鑑定団」収録。30年前に2500円でゲットした絵に、1700万円の価値がつく。

●2022年11月4日

バリ島出張中、思いがけずUFOとコンタクトがとれることに気がついた。日本からの電話で、関西テレビの関係者の方が私のUFO映像を解析したいという。「この人を信用していいなら今夜出てきてください」と念じていたら、宿のベランダから見える位置にすぐ流れ星型ＵＦＯが来てくれた。

ＵＦＯを信じていくつかの画像と動画を提出したところ、映像解析のプロが加工・修正なし、本物の未確認飛行物体と結論を出してくれた。

＊さらにウブドの瞑想イベントで知り合いになった東欧人のチャネラーのおばさまに「私はもっと長くバリに住みたいからバリでビジネスを始めたい。貴方のビジネスセンスと私のチャネリングでスピリチュアルなビジネスをやらないか?」と相談されました。「この人を信じてよいなら今夜出て来てください」と祈るも1時間半待ってもＵＦＯは姿を現しませんでした（笑）。

●2022年12月24日

夜中に通常の流れ星型ＵＦＯの30倍の長さの尾を引いたＵＦＯが我が家のベランダの真上を流れた。クリスマスの夜だから？　何かのサービスなのか?と思うほど、異常に長い尾を引いた流れ星が私の真上を通過して行った。

＊後日数秘カウンセリングをした整体師の男性のお母様が同じ高森町の人で、この異常に尾の長い流れ星型ＵＦＯを見ていたことが判明しました。

●2022年12月27日

飯田市のＨさんからＵＦＯ画像をいただいた。丸い光が2連結から3連結に変化しているエネルギー型ＵＦＯ。

＊Ｈさんとはその後、同じＵＦＯを私が高森町側から、Ｈさんが飯田市山本側から撮影するというＵＦＯ仲間になりました。私がＵＦＯの撮影を失敗したとき、Ｈさんが撮影を成功してくれていました。

ひょっとしたら、世界初かもしれない母船

ボクはいろんな色や形に変化できるよ！
金属じゃなくてエネルギー体だからね！

ＵＦＯに小型機が吸い込まれていったあと、ＵＦＯが白から黒に変色するという超貴重なシーンなども撮影してくれました。とってもありがたい存在です（Ｈさん、いつもありがとうございます！）。

2023年もUFOはやってくる

●2023年3月19日

ニュースによると、日本中に花粉は飛んでいるのに、なぜかこの日は花粉由来の虹色の夕日が長野県の北アルプスの一部の地域にだけ現れたらしい。

「これは今日UFO来ちゃうな～」とワクワクして、3重の虹に囲まれた美しい夕日を撮影していたら、陽が落ちた直後の座光寺あたりの空にオレンジゴールドに光る、まるでCGみたいなハッキリクッキリUFOを目撃！　「映画の特撮か？　CGか？　現実か？」と一瞬頭がバグる。

あわててスマホを構え直して動画モードにする。久しぶりに長時間2体のUFOが滞空してくれていたので、5分にも及ぶ動画が撮影成功！　なんと2体のUFOの下部にいたほうは、3か月前にHさんからいただいた光が3連結したエネルギー型UFOと同じ形だったことが判明。

私の撮影したUFOも最初丸い白い光だったものが、徐々に2個、3個と数を増やしていき、Hさんが私に最初に送ってくれた光の3連結のエネルギー型UFOと同じ型？同じ個体？だったことがわかった！

●2023年5月17、18日

17日の夜中、18日の2時9分、強いオレンジの発光型UFOが2回光る。流れず強い発光だけ。

2時41分、弱い白い発光型UFOが3回光る。流れず弱い発光だけ。

2時46分、流れ星型UFOが北西の空へ流れる。

最近では1晩に3回も来てくれることは珍しいので、テンションアップした！

●2023年6月7日（夜8時頃）

バリ島の夜空に「蛍光ブルーの星（2022年6月12日撮影）」を見るたびに、「あれは本当に星なのか？　UFOなんじゃないか？」といぶかしく思っていた。

ウブドの宿で風呂上がりにベランダに出ていたら、左側から右側に移動する青い光を発見！　青い発光型はこの時期には全く出て来てくれなくなっていたため、久しぶり過ぎるとテンション上がりまくる。

「青い！　やっぱりあの星はＵＦＯだったんだ！」とあわてて充電中のスマホを取りに行き、再度空を見たら今度は白い点滅する光に変化していた。この時点では完全にＵＦＯだと思っていたので、長時間動画を撮影する。すると偶然にも、点滅する白い光の上空から1秒だけ現れた、いつも来る流れ星型ＵＦＯの初撮影成功！

2年以上のつき合いなのに、流れ星型ＵＦＯが動画撮影できたのは初めてで感動！　流れ星型はいつも出現時間1秒、長いときで4秒くらいだから。

露出を上げてあとから見ると、白い光の点滅は飛行機にも見えてきた……。左側から右側に移動する青い光は確か点滅はしていなかったので、撮影した時点での白い光はひょっとしたら飛行機だった？という可能性もゼロではないが……。

今までのＵＦＯの変色も自由自在だった、ということを考えると、青から白に変色したのかも？とも思うが、偶然にも流れ星型ＵＦＯが写ってくれたのでヨシとする！

●2023年7月15日

この日は諏訪大社の上社下社を通る龍の通り道上に位置する、諏訪店（クリスタルドラゴン）で「ヒーラーズカフェ」の開催だった（当社は4店舗で毎月持ちまわりでヒーリングイベントをやっています）。

参加無料のサウンドヒーリングでライアー奏者の当社スタッフYさんと、チャクラカリンバの美鈴音《みすず》先生がステージにいたところ、ステージ左上から右下に白い大きなオーブが降りて来た！　「本当に龍神が来た！」と話題になった。
＊後日このステージ動画を撮影してくれた整体の長崎先生が、神社で青いオーブを撮影しました。形状からいって、UFOというよりはオーブという感じでした。これも絶対に縁起のよいものだと思います！

●2023年8月12日（18時24分）

UFOが現れるときは、本当に一瞬で出現するのに、なぜか消えるときはたいてい回転しながらグラデーションで消えていく。

2023年8月23日18時15分
2023年9月5日18時06分
2023年9月28日17時38分
私は高森町の我が家のベランダから、Hさんは飯田市山本から、同じUFOを同時撮影！
2023年9月29日17時36分
2023年10月2日17時27分

オレンジレッドの発光。ある程度3次元化しているから、夕陽を反射してこの色なのかも。

●2023年10月16日（21時34分）
珍しい時間帯に出現、なぜ赤い発光なのか……？

●2023年10月22日（17時02分）
オレンジの夕焼けから「金の龍が降りて来た！」と思った光景。

●2023年10月24日（16時48分）
Hさんも同じUFOを17時08分に撮影していた。アップで見るといろいろな色や形に変形している。

●2023年10月28日17時16分
Hさん撮影。ありがとうございます！

●２０２３年10月30日（14時43分）

この日のＵＦＯは、トリリアント（三角形）に変形していた。

２０２３年11月13日16時20分　動きが激しく、変形もさまざまだった。

２０２３年11月19日16時51分　変形がトリリアントだった。

２０２３年11月20日16時39分　29分まで長時間飛行。

２０２３年11月30日16時22分　上か下か迷ったけれど上が確実にＵＦＯ。

２０２３年12月04日16時18分　ＵＦＯ観測の椅子に座って空を見上げたら、頭上に龍がいた！

２０２３年12月11日15時51分

●２０２３年12月13日16時36分

Ｈさんが撮影してくれたＵＦＯは世界初かもしれない！　子機が収納されてから黒く変色したＵＦＯ。この変色を見せてくれたお陰で、２年前に軍用機が現れたときに写った黒い物がＵＦＯだったと確信できた。

●２０２３年12月20日（16時05分〜16時17分まで）

長時間滞在、私とHさん同時撮影。
2023年12月25日16時22分
2023年12月26日16時04分
2023年12月27日15時55分
2023年12月28日16時24分　16時30分まで長時間滞在
最初に空に1体滞空、さらにもう1体が現れ、思わず「2体いる！」と声が出る。最初のUFOが消え、あとから現れた1体が残る様子を見て、一瞬「世代交代」というイメージが浮かぶ、翌日29日深夜、実家の父が急死し、本当に世代交代をすることになる。

2024年もUFOは私の前に現れる

2024年1月に入っても、高森町から見る晴れた日の夕方の西の空に週2、3回、UFOが現れるのはあたりまえになってしまいました。この現象が続いているうちに、どなたか高性能カメラで撮影していただきたいです！

さらにいうと、これらのUFOの証拠画像や動画は実は私の何百という接近遭遇のうちのほんの1部なのです！　夜の12時から2時くらいまでの観測タイムに、私が外に出ると、流れ星型UFOが1時間以内に来てくれます。流れ星を装っているので1、2秒姿を見せてくれるだけですから、撮影は最初からあきめています。

夜中の出現も、ある程度気象条件が決まっているらしく、晴れた星の多く見える夜に来てくれます。エネルギー型のように何十分もはいません。やはり多くの人に目視してもらいたいとは思っていないようです。

そして不思議なことに、明らかにUFOが私のところに来てくれるようになった頃から、私の運気は爆上がりしました！　私は何もしていないのに、「天から1億が降って来た！」

という事態です。

ＵＦＯがひんぱんに私のところに来てくれるようになって、コロナ禍にもかかわらず、会社の業績は上がり続けました。本業であるヒーリングの仕事のほうでも、東京の大きな癒しイベントである「セラピーワールド」に、2022年、2023年と、2年連続で「引き寄せの法則講座」講師として呼んでいただきました。

東京での活動実績も何もない私が呼んでいただけただけでもありがたいのに、会場も埋まってくれて「講座で教えていただいた話を引きこもりの息子に伝えたら、外に出られるようになってくれました」とうれしい報告もいただきました。実際に自分が億を引き寄せたことで、うれしいことに私の引き寄せ講座もがぜん説得力が出て来たわけです。

そしてこれも不思議ですが、実は私のところに天から億という財運が降り注いだ直後から、明らかにＵＦＯの出現率は下がってしまったのです。特に青い光に発光する方のＵＦＯがなぜか姿を見せてくれなくなりました。バリ島の2023年6月7日夜8時の出現を最後に出現していません。

夜中の流れ星型ＵＦＯは、1体来たらたいていの場合15分以内に2体めが来てくれていました。ですが、今は1体しか姿を現してくれなくなりました。さびしいことですが、こればっかりはあちらの都合なので仕方ありません。

白いエネルギー型ＵＦＯは、相変わらず我が家のベランダに、週２回から多いときは週４回出現してくれています。「幸せの青い鳥」ならぬ青いＵＦＯは今どこの誰のところに行っているのでしょうか……？　きっと青いＵＦＯが行った人のところには、私の身に起きたような奇跡的なラッキーが降り注いでいると思います。


人間は、周囲の人達とエネルギーのやり取りをして、目には見えない因果の糸でつながっています。だから私に起きた一発逆転の財運の奇跡は、私の友人にも、私のお客様にもそして読者の貴方にも起きる可能性があるのです。

そして、ＵＦＯの出現は間違いなく私の意識を宇宙意識へと拡大してくれました。宇宙意識の対極にあるものは村意識です。自分と自分の知り合いくらいの人達さえよければよいという村意識から、人類全体と地球の行く先がよくならなければ……という宇宙意識への転換ができると、結果的に宇宙のサポートが得られるようになります。天に味方され、天から奇跡的なラッキーが降り注ぐようになるのだと思います。

ありとあらゆる命は宇宙の生命エネルギーに完全に帰属している

自然療法の専門誌『セラピスト』誌にエッセイを掲載していただいたことがあります。一部抜粋します。

若いときの私は、「家に居場所がなく、安心して帰属する感覚を家族に持てず、それゆえ自己肯定感が低く、『孤独』という呪いにかかった典型的な先進国の現代人」でした。そんな私の「孤独という呪い」が解けたのは、海外の事故で臨死体験をしたときでした。宇宙から地球を見た瞬間があったのです。そこで「地球自体が1個の光の曼荼羅である。人間は皆違う色の光で、この光はほかの光と相互にネットワークされている。人間以外の生物でさえも」というルールに気づいたとき、ようやく私は「私という命は生まれたときから地球を含む宇宙の生命エネルギーに完全に帰属している」という事実に安心できたのです。

「私」という命は、地球を含む宇宙の生命エネルギーに完全に帰属しています。もちろん、貴方も、地球人も、宇宙人も、鉱物も、植物も、動物も……。

生きとし生けるものはすべて単独では存在できず、相互のエネルギー的なネットワークによって命を維持できているのです。

この事実に気づいた瞬間、「私は孤独だ」「生きることは苦しいことだ」といった呪いを解除できました。宇宙や地球のどの空間にも、私や貴方の周辺や体内、心の中にも、実は目に見えないだけで満ち満ちていた平和、平穏、豊かさ、静寂のエネルギーに気がつくことができました。

私の中にすでに実在していたエネルギーを、いかにこの3次元で現実化するか。天が望むように3次元で自分を生きることの青写真と原動力は、すべて自分の中にあります。私のスピリチュアル探求の40年間と61年間の人生。「宇宙のルールを探す旅」は、最後には自分の内面世界に還る旅でした。

……まだまだ旅は続きます。

おわりに

貴方のまわりの、一見何もないように見える空間は、実はまだ3次元化していないエネルギーの海なんです。

だからその無限のエネルギーの海にどんな思念エネルギーを入力して、どんな3次元化を起こすかは、本当に貴方のマインドの在り方1つです。

2022年から3年に渡って自分に起きたことはぼうぜんの連続でしたが、考えてみたら、1億円が来ても来なくても私の幸せの量は変わりませんでした。1億が来てもウェルカムだけど、来なくても幸せだから問題ないという、執着のない心の状態だったこともよかったのだと思います。

相変わらず地元のスーパーで買った2700円のバックを抱えて、高速3時間通勤で働いています。1億くらいでは、私の人生は何も変わりません。私の中に、お金に対する執着や恐れがなかったことが、お金のラッキーにつながったのだと思います。

お金のためだけなら海外の問屋からライブ販売でもやって、日本に大量販売すればよいのでしょうが、その仕事のやり方には全くやりがいを感じないのです。だからこれからも、お客様の悩みや望みを真摯に聞いて、その方の後押しをしてくれる地球のパワー（天然石やアロマテラピー）や宇宙のパワー（隕石や運命学）を提案するという、今までどおりのアナログなやり方でこの仕事をしていきたいと思います。

この本では私が40年で1000万円をかけて学んだ宇宙のルールの、ごくごく一部を書かせていただきました。実際のところ、「何にそんなに1000万円ものお金というエネルギーを投入したのだろう？」と、自分でも疑問を持ち、古い記憶をたどってみました。

某大手宗教団体の教祖から学んだ世界の宗教とマントラ各種、般若心経、祝詞、東洋医学、アーユルヴェーダ、バリエステ、ヨーガ療法、瞑想、アロマテラピー、ユング心理学、トランスパーソナル心理学、チベット哲学、人相学、インド占星術、OSHOレイキ、伝統式レイキ、シータヒーリング、リコネクション、アクセスバース、ユリゲラーによるマインドパワーワーク、ユダヤ人女性から学んだ数秘術、日本式数秘学、催眠療法（前世療法・インナーチャイルド）、オーラチャクラ測定器、波動調整器メタトロン……

これらの勉強のために、何十回もアジア中、東南アジア全域を、1人でどこにでもバックパックを背負って行きました。特にタイやバリ島と日本を100回近く行ったり来たりしていたから、やっぱりこれくらいの出費にはなるか、と納得しました。

ヨーガと瞑想の先生だけでも国内外に6人います。40年も経っているとすでに天寿を全うされた先生方も多いです。

すべての先生方のお名前をあげて感謝の意を表すことが難しいため、先生方にはたいへん申し訳ありませんが、「私に宇宙のルールを教えてくださったすべての先生方」のお陰様で、書籍を発行することができましたとお礼を述べさせていただきます。ありがとうございます。


本文中にも書きましたが、執筆中に実父が他界しました。92歳の大往生でした。

お父さん、仕事ばかりで親孝行ができない娘でごめんなさい。でも貴方と同じようにワーカホリックで、愚直に1つの道をあきらめずにこつこつとやってきた私を、きっと誇りに思ってくれるよね。親孝行ができなかった分は、いつか、どこかの世界で必ずまた会えるから。必ず恩を返すから。

それまでできるだけ静かで、平和な場所で待っていてください。この世界は本当に楽しいことばかりじゃないから学びがありますね。それを教えてくれてありがとう。

お父さん、お母さん、おじいちゃん、おばあちゃん。さらにその先の先の、飢えや飢饉でも、戦争でも災害でも、流行り病でも、なんとか命を守って生き延びて命をつないでくれたご先祖様達。

1粒のお米も、1滴の水も手に入れる能力のない、私の命の糧を作ってくれている、どこかの国で作物を育ててくれる人達。

工場で加工してくれる人達。

それを運んでくれる人達。

トラックの部品を作ってくれる人達。

お店で私に食品を売ってくれる人達。

人類の進化の糧になってくれた地球のすべての水・土・空気・光。

古代の温かい海で生まれた最初の単細胞生物。

宇宙空間で起きたビッグバン。

原初の光。

無限の縦と横のネットワークで作られた、光の曼荼羅の上に私の命がある。

そのすべてに。
私を3次元に呼んでくれてありがとう。
2024年5月

中島由美子

中島由美子（なかじま ゆみこ）

（株）シャンティアジアプロモーション代表。ホリスティック数秘術®協会代表理事。数秘カウンセラー。レイキティーチャー。自然療法士、ホリスティックヒーラー、催眠療法士。「天が味方する！ 引き寄せの法則」講師。この宇宙の理を知るべく、約40年間、1000万円以上かけて、国内外のスピリチュアルの指導者たちから学ぶ。アジア各国の貧困に苦しむ女性や子どもの支援のためフェアトレードに取り組み、海外直輸入のパワーストーンや衣料雑貨の販売、イベントなどを行う店舗を長野県の飯田、伊那、松本、諏訪で展開。特にパワーストーンは、お悩みをカウンセリングしてふさわしい石を選ぶ。これにより、フェナカイトだけでなく、著者の店舗でパワーストーンを買い、人生を一発逆転させたお客様は数知れず。ＵＦＯとの接近遭遇を体験したあと、自身も金運に恵まれ、ますます天の後押しを感じている。本書のイラストは昔漫画家を目指していた著者によるもの。

シャンティアジアプロモーション　インスタグラム
https://www.instagram.com/shantiasia6969/

＊ホリスティック数秘術®協会認定数秘カウンセラー養成講座／レイキヒーラー養成講座／ヒーラーセラピスト®養成講座／スピリチュアルヒプノセラピスト養成講座等　開催中
＊現在、ヒプノセラピー個人セッションは受けつけていません。

オンラインショップ
https://shantiasia.theshop.jp/

書籍購入特典

第７章と連動した、著者が撮影した貴重なＵＦＯ動画！

＊軍用機（？）に追跡されたＵＦＯ
＊母船に収納される数体のＵＦＯ
＊色を変えるＵＦＯ
　など、世界初公開の動画多数

https://www.therapylife.jp/sp/sap/

高次元に味方される生き方
引き寄せる

2024年7月7日　初版第1刷発行

著　者　中島由美子
発行者　東口敏郎
発行所　株式会社 BAB ジャパン
〒151-0073 東京都渋谷区笹塚 1-30-11　4・5F
TEL　03-3469-0135　　FAX　03-3469-0162
URL　http://www.bab.co.jp/
E-mail　shop@bab.co.jp
郵便振替　00140-7-116767
印刷・製本　中央精版印刷株式会社

©Yumiko Nakajima 2024
ISBN978-4-8142-0630-8　C2077

※本書は、法律に定めのある場合を除き、複製・複写できません。
※乱丁・落丁はお取り替えします。

Design　石井香里

BAB ジャパン　オススメ商品のご案内

強運、金運、龍神を味方につける最幸の法則

書籍　強・金・龍

この本が目にとまったあなた最幸の人生が待ってるわよ! 富と豊かさと幸せを手に入れる最強の運気アップ術を愛にあふれた激辛口で指南! 20 年でのべ 10 万人を鑑定! この世には成功か大成功しかない! 多くの悩める女性たちを光へ導いてきた竜庵先生が本気ぶっこいて語ります!!

●竜庵 著　●四六判　● 224 頁　●本体 1,500 円＋税

親子、夫婦、友人、自分自身——本当に幸せな関係を築くために

書籍　すべては魂の約束

あなたの魂は、何をしようと望んで生まれてきたのでしょうか。これから何を果たそうとしているのでしょうか。私たちの魂は、人との関係で何を学ぶのだろう? 精神世界を牽引してきた夫妻が語る人間関係に悩まされない極意!! 心を深く癒やし、気づきを得る書!

●山川紘矢、亜希子 著　●四六判　● 256 頁　●本体 1,400 円＋税

ピッとシンプルに「魅力」や「才能」を開花させる

書籍　読むだけで 宇宙とつながる 自分とつながる

セミナーは即時満席! カリスマ講師による " 世界一おもしろい " 宇宙話。 自分とつながるとか宇宙とか流行っているけどどういうこと?という方への超入門書。哲学や宗教ではない、世界一面白くて実用的な宇宙本です。読むと、あなたの世界が変わって見えるでしょう。

●リリー・ウィステリア 著　●四六判　● 256 頁　●本体 1,300 円＋税

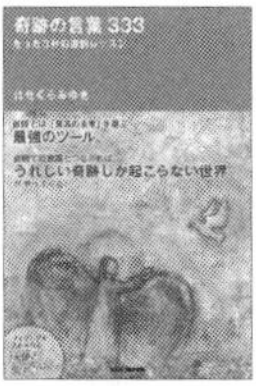

たった 3 秒の直感レッスン

書籍　奇跡の言葉 333

直観で超意識とつながれば、うれしい奇跡しか起こらない世界がやってくる。この本は、やすらぎと希望が湧き上がり、奇跡を呼び込むための、さまざまなコトダマとアファメーションが 333 個、載っています。その言葉を選びながら、直観力を高めていこうというものです。

●はせくらみゆき 著　●四六判　● 368 頁　●本体 1,400 円＋税

「どうせできない」が「やってみたい!」に変わる

書籍　科学で解明! 引き寄せ実験集

著者は 20 年以上、「引き寄せ」を実践し続けている 2 人。「引き寄せ」とは、あなたの願いが魔法のように急にあらわれるものではありません。実は、毎日の生活の中に当たり前のように溢れています。この本の 7 つの引き寄せ実験を通して、あなたが叶えたい真実の願いが分かり実現します!

●濱田真由美、山田ヒロミ 著　●四六判　● 208 頁　●本体 1,300 円＋税

アロマテラピー＋カウンセリングと自然療法の専門誌

セラピスト

bi-monthly

●隔月刊〈奇数月7日発売〉
●定価 1,000 円（税込）
●年間定期購読料 6,000 円（税込・送料サービス）

スキルを身につけキャリアアップを目指す方を対象とした、セラピストのための専門誌。セラピストになるための学校と資格、セラピーサロンで必要な知識・テクニック・マナー、そしてカウンセリング・テクニックも詳細に解説しています。

セラピスト誌オフィシャルサイト　WEB 限定の無料コンテンツも多数 !!

セラピスト ONLINE

www.therapylife.jp/

業界の最新ニュースをはじめ、様々なスキルアップ、キャリアアップのためのウェブ特集、連載、動画などのコンテンツや、全国のサロン、ショップ、スクール、イベント、求人情報などがご覧いただけるポータルサイトです。

オススメ

記事ダウンロード

セラピスト誌のバックナンバーから厳選した人気記事を無料でご覧いただけます。

サーチ＆ガイド

全国のサロン、スクール、セミナー、イベント、求人などの情報掲載。

WEB『簡単診断テスト』

ココロとカラダのさまざまな診断テストを紹介します。

LIVE、WEB セミナー

一流講師達の、実際のライブでのセミナー情報や、WEB 通信講座をご紹介。

トップクラスのノウハウがオンラインでいつでもどこでも見放題！

THERAPY COLLEGE

セラピーNETカレッジ

WEB 動画講座

www.therapynetcollege.com/

セラピー 動画　検索

セラピー・ネット・カレッジ(TNCC)はセラピスト誌が運営する業界初のWEB動画サイト。現在、240名を超える一流講師の398のオンライン講座を配信中! すべての講座を受講できる「本科コース」、各カテゴリーごとに厳選された5つの講座を受講できる「専科コース」、学びたい講座だけを視聴する「単科コース」の3つのコースから選べます。さまざまな技術やノウハウが身につく当サイトをぜひご活用ください!

パソコンで じっくり学ぶ！
スマホで 効率良く学ぶ！
タブレットで 気軽に学ぶ！

月額 2,050円で見放題！　毎月新講座が登場！
一流講師240名以上の398講座以上を配信中！